「鶴見事件」抹殺された真実

私は冤罪で死刑判決を受けた

高橋和利

インパクト出版会

もくじ

カバー表・高橋和利「司法界の腐敗と不正義を怒る仁王仏罰棒」２００８年作品
カバー裏「もやし」２０１０年作品
表紙・扉「２０１０年カレンダーから」２００９年作品

いきなり警察に連行され、殺人犯に

鶴見事件は、一九八八（昭和六三）年六月二〇日午前一〇時三〇分頃から同五五分頃までの間に、横浜市鶴見区上倉田町のアパートの一階で不動産・金融業を営む梅田商事の事務所内で発生した。社長夫妻が何者かに殺害された殺人事件として、神奈川県警と鶴見警察は同署内に捜査本部を設置した。

その後の捜査過程で、現金一二〇〇万円が消失していることが判明し、「強盗殺人事件」としての捜査になっていった。

殺害されたのは「梅田商事」（仮名）の社長・朴仁秀さん（六五歳・仮名）と内縁の妻・大村ヨシ子さん（六〇歳・仮名）の二人で、ふたりとも鈍器のような物でメッタ打ちされていて、朴さんの傷は一〇数か所、ヨシ子さんの傷は刺し傷を含めて、胸背部合わせると六〇か所以上もあった。室内は、争ったり物色された形跡はなく整然としており、ヨシ子さんに加えられた傷の執拗さなどから見て、捜査本部では、犯人は複数で恨みによる顔見知りの犯行ではないかという見解を示した。

翌朝の新聞も警察の見解にもとづき「白昼、夫婦殺害される　恨みによる犯行か　横浜の不動産金融業者」という見出しで報じた。

私がこの事件の被疑者として強制連行されたのは、事件発生から一〇日後、七月一日の早朝でした。

そして、冤罪の獄に繋がれて二二年余りが経過しました。深夜の獄舎の中は、思いのほか騒がしいものです。どこかの舎房で誰かが咳こむ音、うめき声、いびき、何かを拳で叩くようなこもったひびきの音、看守の足音――

夜の静けさが、かえってそれらさまざまな小さな音をきわだたせるのです。そうした物音や声は、私には夜の深さや長さを、そして孤独の思いをさらにかきたてるものに思えます。

いきなり連行され

一九八八年七月一日。

この日私は、遅れていた運転免許証の更新に行く予定でいたので、朝七時頃近くの駐車場に車を出しに行くと、すぐそばの路上に止めていた二台の乗用車の中から六、七人の男がとびだしてきて私を取り囲み、そのなかの一人がいきなり私の腕をつかんで自分たちの車に押し込めようとしました。物も言わずいきなりの行動に私は恐怖を感じ、つかまれている右腕を振りほどこうとしてもがくと、すかさず別の男に左腕を取られました。

私は車に押し込められまいとその場にしゃがみこむようにして抵抗しながら、「ちょっと待ってくれ！　あんたたちはいったいなんなのだ」と声をあげると、左側の男が、「警察の者だ、訊きたいことがある。署まで来てもらう」と初めて警察を名乗ったのでした。

私が融資を受けていた先に、暴力団が関係する金融会社（融資を受けた後で知った）が一社ありました。私が借りた分は完済していたけれど、一か月ほど前、同業者に貸した融通手形の件で、その会社とちょっとしたトラブルがあったのです。しかしその件は同業者が解決し、手形は返却されてきているのに、この連中はその筋の者かと思い恐怖を感じたのですが、警察と言われてふっと体の力が抜けたところを強引に車に押し込められてしまったのです。

数日前から、張り込みや尾行が付いているのはわかっていたし、梅田商事には私の名刺も入れてあるので、いずれ参考人の一人として、梅田商事との関係について事情聴取に来るだろうとは思っていたけれども、いきなりこういう行動に出てくるとは思ってもいないことでした。令状も無しに、しかも警察手帳の提示もなく、これでは拉致同然ではないですか！

しかし自分には、梅田商事からお金を持って来てしまった弱みがあったし、「訊きたいことがある」と言われたことも、そのお金の件だろうと察しはついていたから、彼らの傍若無人のふるまいに対して強く抗議することができませんでした。

せめて家族にひとこと告げていきたいし、作業着なので着替えをしたいという願いも無視され、車の中では両脇を刑事にかためられ、左側の刑事から「わかっているな、バレないとでも思っていたのかよっ」と、ドスのきいた声で凄まれて、「すみません」というと、刑事はいきなり私のズボンのポケットに手を突っ込み、財布、運転免許証、たばこ、ライター、腕時計。ハンカチを残して小銭入れまで取り上げ、そして財布の中をのぞきこみ、「ほう、ずいぶん持ってるじゃねえか。ま、覚悟しておくんだな」と凄んだ。

乱暴な言葉遣いといい、有無を言わせず所持品を取り上げるやり方といい、この連中は本当に刑事なんだろうかと疑ったほどですが、警察での取り調べが始まるとのっけから暴言、暴力を振るい続けたのがこの刑事（横平）だったのです。

「ずいぶん持っているじゃねえか」と言われた財布の中には、その日知人に返済する予定の四〇万円と、外に三万数千円の札が入っていたのですが、七月二七日に横浜拘置支所へ移監になり、係官の前で、警察から持ち込まれた所持品調べをすると、一〇万円足りなくなっていたのです。後で書きますが、警察で妻と面会した時に一〇万円渡しているので、端数は別に三三万円なければならないのに二三万円しかなかったのです。

本来、被疑者などを勾留する場合は、その者の所持品を領置するにあたって、特に現金の場合は、本人立ち合いの上で、万札が何枚、他の札が何枚というように確認させた上で、指印を取るのが正しいやり方で、そうすることが義務づけられていると聞きました。拘置所では、衣類も一点一点確認の上で領置されました。

私は、不明になったお金についてはとやかく言うつもりはないのです。ただ、横平たちのように令状もなしに、いきなり暴力団まがいのやりくちで竦みあがらせて強制連行し、車内では強圧的に所持品のすべてを取り上げるなどすべての点で、彼らの法の手続きを全く無視した無茶苦茶のやりたい放題が罷り通っていることに問題があると言いたいのです。

この件については裁判でも訴えましたが、一顧だにもされませんでした。事件の本筋とは何ら係わりのない事柄だからでしょう。

連行される時点では「任意同行」の筈なのに、令状もなしにこうした横暴が行われている現状を、検察と裁判所は認識しているのだろうか。手錠こそ掛けなかったもののやっていることは完全に犯人扱いです。

お金はたしかに持ってきてしまったけれど、彼らは見込みと予断による捜査で、私を強盗殺人の真犯人と決めてかかっていたのです。冤罪は、この時すでに始まっていたのです。

密室の中で

県警本部に連行されるとすぐに、「ポリグラフ検査を受けてもらうから……」と言われ、同意書に署名押印するよう求められました。私は、人間ドックなどの心電図検査で、電極を装着されるだけで心臓がドキドキしてしまうたちなので、そういうことがグラフに悪い形で表れたりしないかと気になり、どうしても受けなければいけないのですか、と聞くと、横平は「当たり前じゃねえか。あれだけのことをやっておいて避けて通れるとでも思っているのかよ！」と頭ごなしに怒鳴られ、承諾書に強制的に署名と指印をさせられ、検査が済むと取調室に連行されました。取調室は四畳くらいの部屋（図・取調室）で、事務机をはさんで米田刑事（捜査班長）と私が向き合い、私の右側にはこわもての横平刑事が立ち、右斜め後ろには、机上にテープレコーダーとアタッシュケースを置いて、武藤刑事がこちらに背を向けて椅子に掛けていました。

私が椅子に掛けた途端、横平刑事が大声で「ここに連れてこられた理由はわかっているな！」と怒鳴り、いきなり暴力的な取り調べが始まったのでした。

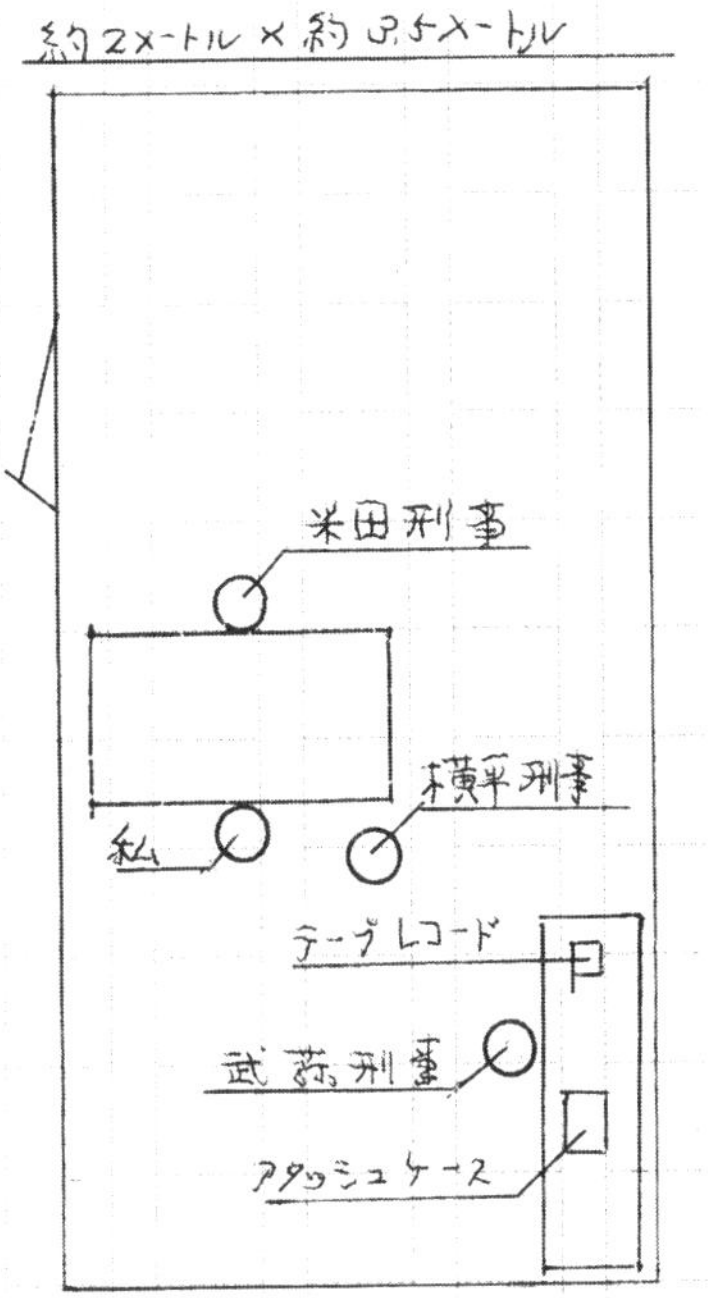

図・取調室

私はこの取り調べが始まる前にポリグラフにかけられ、「黒いカバン」について訊かれていたので、恐らく私が連行されて来るまでの間に家宅捜索が入り、いつも集金や銀行へ行くときなどに持ちあるいている黒いカバンが押収され、中の書類や銀行振込の控えなどから、お金の額や流れがわかってしまったのだと判断しました。だから、現場から一二〇〇万円を持ち去ったことについては最初から否認するつもりはなかったし、車に押し込められた時から観念していたことなので、黙って頷きました。

横平は「ほう、分かっているのか。なら話は早い。なんであんなことをした」

そう言われても答えようがなく、うつむいたまましばらく黙っていると、「おいっ、どうなんだよ。黙ってねえでなんとか言えよ！」と怒鳴って机を叩き、私が座っている椅子を蹴飛ばし、「調べは全部ついているんだ！　さっさと吐いちまえ！」と怒鳴りまくる剣幕に私は怯え、「申し訳ありません」とうつむいたまま答えました。

横平は「この野郎！　申し訳ないと思ったなら全部しゃべれ！」とまくしたて、私の頭を机に押さえつけ、背中にひざ蹴りを加えたのです。

グキッと背中が鳴り、「痛いっ！」と声をあげると、「痛いだと、この野郎！　大袈裟なこと言いやがって、殺された者はもっと痛かったんだよっ！」

横平のこの一言で初めて、自分に殺人の容疑までかけられていることを知り愕然としました。何を証拠に、私が朴夫妻を殺したと決めつけるのか……

言葉もなく黙っていると、またも横平は凄い剣幕で私の脛を蹴り、椅子を蹴り、脇腹をひざで小突きながら、「おらっ！　どうして殺したんだよ、だまってねえで白状しろっ！」と耳元で怒鳴りながら、被害者の写真をバン！　机に叩きつけ、私の頭を机に強く押さえつけ「ほら謝れよ、謝れってんだよ！　この野郎！」荒れ狂っているような勢いに今にもパンチが飛んでくるのではないかと身を固くしていると、それまで黙っていた米田が「高橋。調べは全部ついているんだ。お前以外にやった人間はいない。世話をやかせないで、正直に全て喋って楽になれよ。な、そのほうがお前のためだぞ」と意外なほど静かな声で言われ、それまでの横平の横暴さに比べ米田の穏やかな物言いに私は、ふと胸が熱くなり、「すみません。たしかにお金は取ってしまいましたけど、人殺しなんか絶対にしていません。どうか信じて下さい。私が行った時にはお二人とも死んでいたんです。本当です。」

と答えたとたん横平が激昂し、

「何だとこの野郎！　カネは取ってきたけど殺しはしてねえだと。ふざけたことを言うな！　俺たちを何だと思ってるんだ。捜査一課のプロだぞ！　なめるんじゃねえ！　いいかげんに白状しろ！」

と脛を蹴り、思いっきり椅子を蹴られ、危うく椅子ごと後ろに倒れそうになったほどでした。

その後も、脅しと暴力による自白強要の取り調べは午後五時過ぎまで続き、その間、トイレに行かせてもらいたいと何度申し出ても無視され、「全て吐いてからゆっくり行け」とせせら笑うだけでした。

朝の七時に連行されて来て、既に一〇時間以上も経過していたので、下腹が締めつけられるように痛く、冷や汗が出て、そのうち体に震えが来て、下腹の痛みはしびれたような感覚に変わり、やがて何も感じなくなっていきました。膀胱がどうにかなってしまったのだと思います。

頭の中までしびれているような感じで、横平の怒鳴り声も、どこか遠くから聞こえてくるようなおかしな感覚でした。

暴力はやりたい放題、トイレにも行かせない。こうした行為が拷問でなくて一体何なのでしょうか。彼らの法を無視した取り調べの実情については、私から聞き取ったことや書き送ったものを弁護人が一つにまとめ、裁判所に対し捜査官らの証人喚問を請求してくれました。

私も、公判で証言しましたが、公判に出廷した横平刑事は、自白に至った時の状況について、裁判長の尋問に対し、

「高橋は、犯した罪の重大さに体を小きざみに震わせ、突然ワッと泣き伏し、全てを自白した……」

と、しれっと言い放ったのです。「ワッと泣き伏し……」などと、よくもしらじらしいことが言

えたものです。許せません。

その場で横平を詰問したい衝動にかられたけれど、許される筈もなく、腹わたの煮えくり返る思いで、嘘で固めた証言を聞いているしかなかったのです。

朝七時から夜の七時までトイレにも行かせず、膀胱の痛みで体が震えるほどの拷問を加えた張本人はお前ではないか!!　と私は言ってやりたかった。

横平は、検事と裁判官の質問には低姿勢で答えていたけれど、弁護人に向ける態度は実に横柄で、かなり場数を踏んでいる感じが窺え、私は、米田刑事から言われたことを思いだしていました。

鶴見署での取り調べがほぼ終わりに近づいていたある日、米田はこう言ったのです。「なあ高橋、たのむから俺たちを法廷に引っ張りだすようなことはしないでくれよな。よくいるんだよ、そういう奴が。たのむぞ本当に」と。

「よくいるんだよ、そういう奴が」ということはとりもなおさず、彼らの違法な取り調べが日常的に行われていることの証しではないだろうか。

横平の、いかにも場慣れした態度からも、はっきりとそれがわかりました。

横平の証言でもわかるように、調書もこの調子で作文されるのです。でたらめで嘘八百を並べた証言でも、裁判官はすべて鵜呑みにしてしまうのです。警察官が嘘をつく筈がないという固定観念があるからなのか、それとも仲間意識ゆえか。

いずれにしろ裁判官（とりわけ当鶴見事件を指揮した上田誠治裁判長）には、自白に至った経緯、つまり自白調書の背後に隠れているものを見きわめようとする気概がまったくありません。調書

（いかに名文であろうと）をよく読めば不自然さに気付くと思うのだがその気が全くないのです。

捜査側のストーリーに沿って裁判を進めていけば、その方が楽だし手っ取り早いから、事柄の全体を見ようとする気概など最初から無いわけで、したがって洞察眼などある筈がないのです。

横平の暴力から解放され、県警本部から鶴見署へ連行された午後七時過ぎにやっとトイレを使うことができたけれど、そのときには膀胱に異状を来していて、溜まりにたまっているはずのものも、切れぎれにほんのわずか出ただけで、しかもおしっこをしているという感覚が全くありませんでした。以来この膀胱の異状は後遺症として、十年以上も私を苦しめたのです。

現在の警察において、拷問などありえないと思っている方は多いと思います。私も、以前はそう思っていました。しかし、拷問は、形を変えただけで厳然と存在するのです。

検事調べを受けるようになると、呼び出しのある日は、両手錠に腰縄を打たれ、朝から二人の署員に固められて通うことになります。検察庁では担当検事の呼び出しがあるまで地下にある仮監で待つことになります。

私は最初の三、四回を雑居房（後に独居房）に入れられたのですが、ある日、私より三つ四つ年嵩と思われる人と隣り合わせになりました。やくざ者のようでしたが話好きな男で、ドラッグでパクられたとか、打たれる刑期の予想などを語った後で、私の件についても聞きたがるので、刑事の暴力と偽計に嵌まって虚偽自白させられたことを話すと、男は次のように言いました。

「ひでえ話だ。女房や家族をしょっぴいてくるってのは奴らの常套手段なんだよ。俺が八年ぐらい前にチャカ（拳銃）の不法所持で警視庁にパクられたんだが、最初は黙秘していたものだから、女房をしょっぴくなんて言われたよ。それでも口をひらかねえものだから、二階の取調室から地下の調べ室に変えられて、そこでは、顔に光の強い投光器を向けられるんだよ。あれをやられると眼を開けていられないから、眼を閉じてうつ向いているんだが、そうすると別のデカが髪を掴んで顔を上げさせるやがる。

めし時はたいがい房に戻すんだが、俺の場合はめしもその場で食わせて、朝九時から深夜までの調べが五日間続いたんだ。めし時以外はずうっと光を当てられっ放しだから、四日目の調べが終わって房に戻ったときは意識がもうろうとして、眼もまともに開けられなかったよ。

結局、五日目が終わって調書を読み聞かされても内容を確かめる気力もないし、いつの間にか指印まで突かされていたよ。

奴らは交替でやるんだからいいだろうけど、こっちは食事休みもなしで責められるんだから堪ったもんじゃない。あれも拷問だな。

公判で奴らを呼びつけて弁護士が問い詰めたんだが、のらりくらりと躱されてしまった。裁判官も、そんなことは問題外という態度で、訊問一つしやがらねえ。奴らには判事まで味方につくからどんな嘘でも通ってしまう。判事が味方に付けば怖いものなしだからな」

犯人逮捕のノルマ

余談が長くなったけれど、この男の話でもわかるように、彼らには犯人逮捕のノルマがあるから、単なる窃盗や万引、痴漢などを取り調べるのとはわけが違い、強盗殺人を自白させ逮捕したとなれば捜査官の大きな得点となり、表彰もされ昇進につながるから、それはもう凄まじい取り調べが行われるのです。

他の者が取り調べを受ける場面を目撃したわけではないけれども、おそらく大抵の者は、実際に加えられる暴行と言葉の暴力などに威竦められ、早くこの場から逃れたいという心境に誰もが追い詰められてしまうと思います。自分は絶対やっていないとどんなに言い張っても、それなら家族を連行するなどと精神的に揺さぶりをかけるなど、あの手この手で自白を強要する捜査官らに抵抗し続けることは、生身であれば肉体的にも、精神的にも限界があるし、四面楚歌の中で責め続けられていると、もうどうにでもなれ！　と絶望的になってしまうのです。

検察官と同質化する裁判官

警察内部では、こうした違法行為が日常的に行われていても、全てが密室の中での事だから、事実をいくら裁判所へ訴えても、警察が組織ぐるみで証拠を隠ぺいし、そのような事実はなかったと証言すれば、裁判ではそれが易々と通ってしまうのです。

一審の法廷で証人喚問された刑事の言いたい放題の偽証を一片の疑念をいだくこともなく鵜呑みにした裁判官らは、その判決文の中で、

「……取調官（米田、横平、武藤の各警察官及び山本検察官）の供述を比べ合わせると、弁護人の指摘するような暴行脅迫や妻らを連行する旨の発言等の事実があったことを窺わせるよ

うな事情については、被告人の供述以外は発見することができない。実際にはそのような事実があったとすれば、取調官が法廷で否定するにもかかわらず、その供述中にそのような事実を窺い知るような断片的な事情が発見されることも多いと思われるが、そのような事情を見いだすことはできない」

と決まり文句を並べただけで訴えを一蹴しています。海千山千の捜査官らが、そう易々としっぽを掴まれるような供述をするとでも思っているのでしょうか。

「そのような事情を見いだすことはできない」のではなく、見いだそう、見極めようとする意欲がないのではないか。

元最高裁判事の谷口正孝氏は「刑事裁判の本質は無罪の発見にある」と言っていますが、昨今、そのような精神をもって審理に臨む裁判官が果たして何人いるだろうか。ただひたすら、有罪認定機のような役割を果たしているだけのように思えてならないのです。

検察との馴れ合いが常習化するあまり、いつの間にか検察と融合してしまっている実態にすら気付かないのだろうか。だとしたら、そんな裁判官に公正な裁判を、と期待することが土台間違っているのかもしれません。

考えてもみてほしい。供述調書に「妻らをしょっぴいてくると脅したら自白した」などと捜査官らが書くわけがないではないか。

ある本によると、「警察には『警務部観察官室』という部署があり、そこには訴訟担当の監察官がいて、公判で証言するときは、担当監察官が捜査員の証言内容を細かく検討し、その上で上層部の決裁を取り、担当検事とも、事前に打ち合わせをして公判に臨むのが通例である」と言われています。

つまり、捜査官が勝手に出廷し、自分たちだけで口裏を合わせて証言するわけではないのです。齟齬が生じないよう、あくまでも警察が組織として裁判に対応するということでしょう。それくらいのことは裁判官も知らないはずはないと思うのだが……。

取り調べは、すべてが密室の中です。その密室の中で、捜査官が意図するストーリーに沿って調書が作られても、取り調べの過程を検証できないことが根本的な問題なのだが、その問題にメスを入れてみようとする気概ある裁判官が見当たりません。

裁判所という機構そのものが根っこから腐っているから、枝葉である個々の裁判官までが良心を失ってしまっているように思えてなりません。繰り返しますが、検察官と一体化してしまっているのです。

鶴見事件の主任弁護人として、一審以来今日まで支援を続けて下さっている大河内秀明弁護士がその著書『鶴見事件の真相──無実でも死刑、真犯人はどこに』（一九九八年、現代企画室刊）の中で、一審での上田誠治裁判長について、次のように書かれている。

「内藤鑑定が出た段階で、弁護側は検察側を完全に撃破し、勝負はついたと思われた。

ところがこの横浜地裁第二刑事部の法廷には、あろうことか上田誠治裁判長が検察官の強力な援軍として控えていた。表向きは中立公平な態度を装いながら、検察官が窮地に立った途端、突如その正体を現したのである。弁護人にとってはまさに伏兵に虚を突かれた感があり、衝撃は大きかった。予期しなかったわけではないが、すべての裁判官がそうだというわけではないので、なお質《たち》が悪い。弁護人には、その正体が容易に分からないだけに、油断がならない。上田裁判長には、他の事件でそのような場面に出くわしたこともあったが、本件は被告人の命が掛かっている重大事件だけに、よもや裁判官の良心がそこまで欠けているとは思わなかった。いや思いたくなかった、信じたいと思った。しかしやはりそれは甘かった。（中略）

わが国の刑事裁判官の一部にこの種の裁判官がいることを否定できない。

そして、この種の裁判官の典型を、私は、この裁判長に見たと実感した」

大河内弁護人がこのように書かれたその理由について、前後するが、第四八回公判期日の法廷の様子を書かれている部分を再度引用する。

「検察側の立証が終わって、弁護側の立証に移った一九九四年一二月八日、第四八回公判期日の法廷は異様な雰囲気に包まれた。弁護人、書記官、修習生はすべて所定の席に着き、傍聴席も埋まっているのに、定刻を過ぎても裁判官と検察官がなかなか現れないのである。五分が過ぎ一〇分近く経った頃、まず検察官が現れた。それから少し間を置いて裁判官がやっと現れた。そして何ごともなかったかのように開廷を宣した。通常は、当事者である検察官と弁護人が先にそろい、それを確認して廷吏が書記官室または裁判官室に電話をかけ、法廷の準備が整ったことを知らせる。修習生は裁判官室で修習しているが、電話が入ると一足先に法廷に向かうか、裁判官と一緒に法廷棟に移り、別の入口から法廷に入る。

これが通常のパターンである。裁判官が遅れているときは、第二刑事部では廷吏が弁護人に必ず理由を告げていた。

また定刻になっても弁護人がそろわないときは、廷吏は弁護人に開廷してよいかどうか確認を求めてから、裁判官に開廷の準備ができたことを連絡するのが常だった。

ところが、この日は何もかもがふだんと違っていた。

弁護人はお互いに顔を見合わせ、これは何かあるな、と私語を交わした。

裁判官が入廷して審理が開始された直後、まさに唐突に裁判長が検察官に声をかけ、再々鑑定の請求を検討するよう促したのである。

これは第四六回公判において、裁判長が検察官に対して、被告人の自白調書の提示を命じていたので、それを読んだ裁判長が、内藤鑑定が邪魔になって有罪判決を書くのは容易でないとの印象を持ち、強い危機感を抱いて、検察官を救うには内藤鑑定を揺さぶる口実を作る以外に方法はないと判断したためとしか考えられなかった。

この異様な開廷前の法廷は、検察官だけをこっそり裁判官室に呼び込み、右のような事情を説明して再々鑑定の請求を促す談合をするために、書記官、修習生など、邪魔な者すべてを法廷に追いやったために生じたのであろう。

　検察官はこれを受けて、一九九四年一二月一九日付で再々鑑定請求を申し立てた。」


　これに対して弁護側は意見書を提出して再々鑑定に強く反対しました。意見書の要旨を紹介します。

意見書

「一　再々鑑定請求は、内藤鑑定の二年三か月後に申し立てられ、著しく時機に遅れた請求であって、被告人に迅速な裁判を受ける権利を保障した憲法三七条一項に違反する。

　すなわち第一には弁護人が再鑑定を請求したときは、裁判所は弁護人の執拗ともいえる要請にもかかわらず容易に採用せず、採否について検討中であると繰り返すだけで何の理由も述べずに、ただいたずらに決定を約一年半も留保し、第二にはもし再々鑑定が必要であれば、検察官は内藤鑑定が出たあと速やかに請求できたのに、これまで二年以上も放置した挙げ句の今回の請求である。

　よって現時点において再々鑑定を採用することは右法条に違反し許されない。

　なお一言すれば、公判廷において検察官は、立証活動を終えた旨述べており、公判審理はすでに弁護側の立証段階に移っているが、その過程で新たな展開によって再々鑑定の必要性が生じたという事情もないのに、この期に及んで、唐突に再々鑑定請求が出てきたこと自体、極めて不自然かつ奇妙なことであるばかりか、検察官は立証が終わったと自ら述べていることから考えて極めて重大な問題が潜んでいると思われる。

被告人の自白調書は、再々鑑定請求云々が話題になる直前の第四七回公判期日において裁判所によって採用され、その結果成傷器に関する供述部分が内藤鑑定と真っ向からくい違っていることが、裁判所にも証拠上初めて明らかとなった。

右自白調書では、バールを使用しての犯行態様が、極めて迫真力ある臨場感あふれる供述内容として描かれているが、内藤鑑定を前提に見れば、それらはすべてが作り話であって真っ赤な嘘ということになってしまい、自白内容の信用性は完全に瓦解する。

しかしそのことは検察官には、すでに内藤鑑定が出た時点で十二分に分かっていたことである。

しかるに検察官がこの時点で突然唐突に再々鑑定請求をもち出したことは、その背景について、弁護人としては重大な疑問をもたざるをえない。

二　弁護人の再鑑定請求に際して、裁判所が極めて高度の必要性を要求したことは、弁護人が再々補充書まで提出して必要性を何度も力説しなければならなかったことからも明らかである。

しかるに検察官は、再々鑑定請求において、伊藤鑑定と内藤鑑定の差異を指摘するだけで、伊藤鑑定の方がより信用できるとする根拠をまったく示していない。

この程度の検察官の主張にもかかわらず、裁判所が再々鑑定請求を採用するとなれば、弁護人の請求が容易に採用されず、しかも裁判長から再鑑定に替えて弁護人による私的な鑑定をすることを勧められるなど、あの手この手を尽くしてまで再鑑定採用に極めて消極的だった裁判所の態度に照らして、まったく釣り合いが取れず、明らかに検察官に肩入れし過ぎた姿勢であり、到底公平な裁判所とはいえない。

伊藤鑑定があまりにもずさんであることは、弁護人が再鑑定請求時に詳細に論じ、伊藤医師に対する証人尋問においてもそのことを明らかにし、その信用性は地に墜ちたといってよい。少なくとも弁護人が再鑑定請求時にしたように、伊藤鑑定と内藤鑑定を、具体的に比較検討して、そのうえで再々鑑定請求の必要性を明らかにさせるべきである。

三　以上の次第であるから検察官の再々鑑定請求は、少なくとも現時点では到底認められるべきではなく、却下されるべきである。

以上」

右の通り、大河内弁護人は検察官提出の再々鑑定請求の不当性について、意見書をもって強硬に申し立てたにもかかわらず、裁判所はまったくこれを無視し、強引に再々鑑定を採用したのです。

凶器はバールとプラスドライバーであるという鑑定をした伊藤順通医師に対して、弁護人は証人尋問において鑑定結果の不合理な点を徹底的に追及しました。弁護人の鋭い質問に、伊藤医師は納得できる回答ができず終始しどろもどろで、しまいには高血圧を理由に自らドクター・ストップをかけて逃げ出す始末だったのです。

この時点で、もはや伊藤鑑定の信用性は失墜したと言えますが、再鑑定人として裁判所が任命した内藤道興教授は、バールとプラスドライバーの凶器性を明確に否定しました。

そのうえで内藤教授は、「バールの形状と損傷を比較して、それを強引に結びつけた伊藤鑑定を『牽強付会』であるとまで言い切る強い語調で否定したのである」と大河内弁護人はその著書の中で述べています。

上田裁判長は、検察官を救うためには何としても内藤鑑定を潰しにかけようとして、検察官に再々鑑定を勧め、米田や横平などの捜査官以上に乱暴な指揮権をもって検察官提出の再々鑑定請求を易々と採用したのでした。

ちなみに、伊藤順通医師は神奈川県警が依頼した監察医ですが、一方内藤教授は、裁判所が任命した法医学会の権威です。権威が絶対とは言いませんが、内藤教授は「法医学界の悪代官」と呼ばれた元帝京大法医学教室の石山昱夫教授らの類とはまったく異なり、権力に媚びず正しい鑑定をすることで法曹界や法医学界で広く識られている方です。

「内藤教授は、過去、山本翁再審無罪事件、上告審で死刑判決が破棄差し戻されて無罪になった山中事件、その他いくつもの殺人事件を無罪に導く鑑定をした法医学者で、警視庁嘱託医、警察大学校講師を長年務め、警察協力賞を受賞するなど実務にも長じており、ことに現場法医学の分野では当代随一の権威と目されていた」と、大河内弁護士の著書（前出）のなかにも書かれています。

しかも教授の著書のなかにはバールが凶器となった事件の記述もあり、当鶴見事件の鑑定人としてこれ以上の法医学者は当時も現在も、外にはないと断言できます。

伊藤監察医の鑑定と、内藤教授の鑑定のどちらが信用性が高いかは、言うを俟たないでしょう。

それ故、上田裁判長は内藤鑑定を恐れ、検察官を救うためには内藤鑑定に対抗しうる鑑定をもって揺さぶる以外にないと考え、再々鑑定を強行採用したのでした。が、内藤鑑定に対抗できる自信と実力のある法医学者はいなかったようで、検察官は二、三の大学教授から鑑定を断られています。当然でしょう。検察官は頭をかかえたと思う。結局、悩んだ末に検察官は、弁護側が推薦していた日大医学部の押田茂實教授に再々鑑定をお願いしたいと、弁護人に泣きついてくるような始末だったのだ。最終的には押田教授が再々鑑定をすることになったのですが、確たる結果を得ることができずに、結局のところ、実験する時間が足りなかったという理由で、どっちつかずの曖昧な鑑定書を提出したにすぎません。言わばお茶を濁したというやつです。それでも上田裁判長は内藤鑑定を採用しようとはしなかったのです。これでは余りにも不公平、不公正ではないか。

大河内弁護士は、著書（前出）のなかで、上田裁判長について更に次のように述べています。

「上田裁判長は、前任地の前橋地裁において、本件と同じく状況証拠しかない殺人事件について有罪判決を言い渡しているが、その公判審理において、被告人の犯人性に疑問を呈する鑑定をした内藤教授を証人に求める弁護人の請求を、必要性なしとして却下している。その偏った訴訟指揮に対して、弁護人が猛反発し裁判長は忌避の申立までされている。

この事件は、一九九五年一月、東京高裁で、その消去法的事実認定法が徹底的に批判されて逆転無罪となった葛生事件である」

以上、引用してきたとおり上田裁判長は、前任地の前橋地裁において、検察寄りの訴訟指揮を執り、控訴審で逆転無罪とされる屈辱を受けたにもかかわらず、少しの反省の色もなく本件においても、犯罪の証明のないまま、まったく同じ手法で強引に有罪と認定したのです。

裁判官が検察の役目を取って代わろうとするのは、裁判としては邪道ではないだろうか。検察の傀儡と言われても仕方がないのではないか。

この国の裁判官は、検察と同質化しているとよく言われますが、上田裁判長はその典型といっても過言ではないと思います。

後述する福岡地裁の捜査情報漏えい事件にも見られるように、裁判官もまた、警察・検察に対して同じ司法官僚としての仲間意識が強く働くのだということを痛感しました。

引用文が長くなりましたが県警本部の取調室に戻します。

横平の怒声がどこか遠くの方から聞こえてくるような朦朧とした意識のなかで、妻のことを想っているといきなり膝のあたりを蹴られてハッと我に返りました。

「もうレールは敷かれているんだよ。お前は黙って上に乗ってりゃいいんだ。あとは俺たちが押していってやる。お前がいつまでもてこずらせていれば同じ時間だけ女房たちが苦しんでいるんだぞ。可哀想だとは思わないのかよ。」

と繰り返し言う横平の言葉の端々には、妻や同居している二人の甥を連行して別室で取り調べている、というニュアンスが込められていた。

私は横平に向かって「家の者は何も関係ないのだから巻き込まないでください！」と強い口調で言うと、「ほう、元気がいいじゃねえか。その調子でいつまでも頑張れや」と憎々しげに言う横平に続いて、今度は米田が

「高橋、頑張るのはいいが俺たちには痛くも痒くもない。だがな、お前が強情を張れば張るだけ、同じ時間をかあちゃんたちが辛い思いをすることになるんだぞ。可哀想だと思わないのか」

と横平と同じことを言い、つづけて

「高橋は犬や猫の世話をしてるそうだが、そういう優しい気持ちがあるなら、かあちゃんのことも考えてやれよ、高橋自身のためにも、腹の中のものを全部出して楽になれよ。てこずらせて長引けば、検事や裁判官の心証を悪くするだけだぞ。裁判で不利になってもいいのか。カネを取ってきた事実を認めている以上は、どっちみち釈放するわけにはいかないのだから、かあちゃんたちのことを思うならこの場は一応認めておけよ。な。そうすればかあちゃんも楽になれるし、裁判官の心証も良くなるんだよ。ここで仮に認めても、高橋が本当にやっていないなら、いくら調べても証拠は出ないだろうから無罪になる。大丈夫だ。

俺たちも高橋が裁判で不利にならないように、ちゃんと調書に書いといてやるから、今日のところは仮に認めて、黒白は裁判所でつけてもらえよ。な。そのほうがいいと思うぞ。俺は高橋の為を思って言ってるつもりだけどな」

と諭すように話すのでした。

横平の暴力の後で、米田のおだやか語調で自白を促されると、張り詰めている気持ちがややもす

ると挫けそうになるけれど、やってもいない人ごろしを自白するわけにはいかないと必死に怺えながらも、米田の口振りの中にも妻らが取り調べを受けているという印象を強く窺わせるものがありました。

取調室のドアは開け放たれていて、米田らの上司がときどき顔を出し、私は君と同じ高橋と名乗ったうえで、米田らと同じようなことをいって自白を迫り、「奥さんが泣いてるぞ」などと言うのでした。

そんなふうに言われ、妻のことを思うと息苦しいほどに気持ちが乱れるのでしたが、それでも私は何にも言わずにうつむいていました。でも頭の中ではいろんな思いがめまぐるしく渦巻いていました。

妻は大丈夫だろうか、甥たちも連行されてきているなら、犬と猫たちはどうなる。世話をする者がいなければ飢え死にしてしまうのではないか。そんなことを思うといたたまれない気持ちになり、この場はやはり米田の言うように仮に認めて、とにかく妻だけでも家へ帰してもらうべきだろうか。

しかし妻らが連行され、取り調べを受けているということについては半ば疑わしく思う気持ちも捨て切れず、錯綜する思考を整理できずに悩んでいると、それまで比較的おだやかな物言いをしていた米田が、いきなり私にのしかかり、思いっきり体重をかけて机に押さえつけ、

「高橋、調べはついているんだ。お前がやったことは分かっているんだよ！　強情張っていると泣く人間がふえるぞ!!」

と脅しをかけてきました。私は（何が分かっているんだ！　どう調べがついているというのだ！）

と腹の中で抗いながら歯を食いしばっていると、

「いいかげんにしろ！　高橋！」

と声を荒げ、机の両端をつかんで更に圧力をかけてきました。

米田の胸で押さえつけられ息が苦しくなり、もがいて、米田の体を押し返し、

「人ごろしだけは絶対にやっていません！　本当です。信じてください！　証拠があるんですか！」

と叫びました。

その途端、横平が私の脛を蹴り、椅子をガンガン蹴りつけ、

「証拠だとこの野郎！　一人前の口ききやがって！　証拠がなきゃ手も足も出ないとでも思ってんのかよ！　この野郎！　ナメるんじゃねえ！」

坊主頭で、まるでヤクザ者です。

吠えまくる横平の凄まじさに怯え、身を固くしていると、今度は米田が
「そうか、もういい、分かったよ。高橋がやったんでないなら共犯がいるだろう。共犯を出せよ！」

と机を叩き、

「女房か、甥っこか。それとも他にいるのか。高橋ひとりの仕事じゃないだろう。分かっているんだよ。どうなんだよ！　出せよ共犯を!!」

と、今度は共犯の線で責めてきました。

この時私は思ったのです。この連中は「すべて調べはついてる」とか「何もかも分かっている」「お前以外にやった奴はいない」など言っているが実は何も分かってはいないのだ。強制連行してきたのはいいが、自白を得られずに苛立っているのではないか、と。

「共犯などいません!!」

強い声で言い返すと、米田はぐっと顔を近づけて、薄笑いをうかべながら私の目をのぞきこむようにして、

「あのな高橋。強情もいいけど不利益になるだけだぞ。今日がタイムメリットなんだよ」

米田が言うそばから、横平も大声で、

「そうだ、今日がタイムメリットなんだ!」

と怒鳴るように言うのを聞きながら「ふん、何がタイムメリットだ。それを言うならタイムリミットだろう」と腹のうちで毒突きながらなおも押し黙っていました。

米田と横平は、ぼそぼそと聞き取れない声で出入口の所で何か話していましたが、近づいてきた横平がいきなり椅子を蹴り、私の頭髪をつかんでグイッと仰向けにさせ

「おい！　まだ喋る気になれねえのかよ。決心がつかねえなら、これから女房と留置所に泊って二人で考えてみるんだなっ！」

横平のこの言葉に私は驚愕し、

「もうやめてください！　共犯なんて誰もいません。全部自分一人でやったことです。女房たちは何も関係ありません。だからお願いです。女房たちを今すぐ家に帰してやってください!!」

私は一気に喋りました。

私は屈服させられました。口惜しくてくやしくて、涙が溢れて止まりませんでした。

「わかったわかった。かあちゃんたちはすぐ帰す。約束する。だから高橋もすべて話して楽になれよ、な。」

米田は急に猫なで声になってそういうのでした。

暴力や脅しに負けて、やってもいない事を認めるわけにはいかない。膀胱がどうなろうと、どんな暴力を加えられようと絶対に耐えてみせると、歯を食いしばっていたのですが、横平の冷酷なひと言に張り詰めていたものがポキッと折れてしまったような気がして、全身のちからが一気に抜けていくのを感じました。

やっぱり妻は取り調べを受けていたのだ。何も関係ないのに、何も知らないことなのに、辛い思いをさせてしまった。可哀想に、なんて酷い奴らだ!!

口惜し涙が後からあとから溢れて止まりませんでした。

人は弱いものです。一度屈してしまうと、とめどなくなってしまいます。

こうして虚偽自白は始まったのでした。今思いだしても、口惜しくて涙が溢れてきます。

あの時、心を鬼にして、妻の苦しみにいっとき眼をつむることができたなら、その後の二十年に及ぶ辛酸を妻になめさせることもなかったか知れないと思うこともありますが、今となっては、何もかもが取り返しのつかない事です。この現実が悪夢であってくれたらと、何度思ったか知れません。自分の心の弱さが恨めしくなります。

米田らの動きが急に忙しくなり、まず横平から、

「何でやったんだ」

と訊かれ、理由を訊かれているのかと思い、答えようがなく黙っていると
「殴り殺したことは分かっているんだよっ、道具を訊いているんだよっ！」

と言われ、私は少しの間考え、バットや鉄パイプで殴られて……といった新聞記事を読むことがあったんので、

「バットで……」

と答えると、横平は激昂し、私の脛を蹴りつけ
「いいかげんなことを言うなっ！　バットなんかじゃない！　全部自分でやったと今、認めたばかりじゃねえか。正直に喋れよ！」

そんなこと言われても……（私に分かるわけないでしょう）と言いかけると、

「調べはついているんだよ！　電気屋にはいろんな道具があるだろう。バールとかスパナーとかハンマーとかよ。いろいろあるじゃねえか。その中のどれでやった」

と三点の工具の名を挙げられ、この三点の中で一番殴り易い物を選ぶとしたら、私ならバールを使うだろうと思い、少し考えた後
「バールで……」

と答えました。すると横平はきゅうにニコニコしながら、

「そうかそうか。そうだろう。やっぱりな。で、バールの外に何を使ったんだ」

と迫られ、私がまた答えにつまると
「あっちこっちつっ突いた傷があるんだよ」

と横平は急におとなしい言葉遣いになり、

「いろいろ道具があるじゃないか。ほら、ナイフとかドライバーとか、アイスピックとかよ」

と、また三点の道具の名を挙げたのでした。

「電気工事にアイスピックなど使いません」

と言うと、

「アイスピックじゃなくても、先の尖った物は外にいろいろあるだろうよ」

このようにして凶器の特定を横平の誘導で進められ、バールとプラス・ドライバーに決めてしまったのです。これは後にわかったことですが、横平らがバールにこだわったのは、警察が解剖を依頼した監察医の伊藤順通医師から、凶器は棒状でやや重量のある鈍器、すなわちバールではないかと示唆を受けていたからなのです。

先の尖った物について彼らは、アイスピックの様な物を想定していたようでしたが、電気工事に使う道具には該当する物がなく、とどのつまり、細め（直径が五ミリメートル以下）のプラス・ドライバーということに米田と横平で決めたのですが、弱電関係でなければ軸径が五ミリ以下のドライバーなどは使いません。

工事屋が使うのは軸径が六ミリの物で、それですべてカバーできるのです。コンセントやスイッチのカバープレートの取付ビスも、六ミリ径の物で全て対応できるのです。

強制連行された当日の取り調べが如何に出鱈目で酷いものであったか、それをこうして紙面で訴えても、迫真性も臨場感も感じられないでしょうけれど、この連中は本当に刑事なのか？　警察に雇われたヤクザ者ではないのかと思いたくなるような厳しい調べが続くのです。

無実であろうとなかろうと、捕えた獲物をむざむざ逃しはしない、何がなんでも犯人に仕立て上げると最初から決めてかかっているのだのだから、いかに抵抗しようが無実を訴えようが、一切耳を貸さない。こういう考えに凝り固まった連中に抵抗し続けることは、まず不可能だし、このような連中が警察内部に巣喰っている限り、冤罪は跡を絶たないと思います。

結局、私は、米田と横平の陥穽に嵌まってしまったとしか言いようがないのですが、出鱈目で凄まじかった初日の取り調べ状況は録音テープに録音されているのだから、証拠として開示するよう再三請求したにもかかわらず、警察・検察とも、録音テープは存在しないの一点張りで、現在に至るもなお、拒み続けているのです。

真実を追求する気持ちが裁判所にあるなら、職権をもって、証拠開示命令を出すこともできるのに、弁護側が提出した意見書等に関しても、裁判所は一切耳を傾けようとはせず、「捜査官が無いと言っているのだから、無いものはないのだ」といった態度を押し通したのでした。

ポリグラフの記録開示請求に対しても、「その所在が不明である」というトボケた回答には唯々あきれるばかりです。

私を取り調べた山本検事は、ポリグラフに「黒いカバン」についての反応が出ていると言って、事件後不明になっている「黒いカバン」の追及を執拗に続けたのです。自白の中には、いわゆる

「秘密の暴露」と言える供述が一つもないために、このカバンについての供述を引き出せば、外のどんな供述よりも強力な証拠になるという思わくがあったのだと思います。

真犯人としての決め手になるかもしれない、それほど重要な証拠が所在不明だなどと、随分ふざけた話だと思う。

「黒いカバン」というのは、被害者の梅田商事の社長・朴仁秀が事件当日、朝銀でおろした一二〇〇万円をこのカバンに詰めて、午前一〇時三〇分過ぎころ事務所に戻って来ていると考えられることから、黒いカバンも私が持ち去ったとして、厳しく追及されたのです。

私が偶然お金を見つけた経緯は後で触れますが、そのお金はカバンではなく半透明のビニール袋（スーパーなどで品物を入れてくれるときのレジ袋）に入っていたのです。その事実を何度説明しても、山本検事は納得せず、起訴後、拘置所に移監された翌日からも連日押しかけてきて、うんざりするほど執念深く追及を続けたのでした。

山本検事にとって「黒いカバン」についての自供が取れれば、それは唯一「秘密の暴露」を得たことになるから、検事としては必死だったのだと思います。

しかし如何に執拗に責められても「黒い」というだけで見たこともなく、型も大きさも分からないから答えようがありません。

「知らない」と答えると「そんな筈はない」と返ってくる。そんなやりとりの繰り返しでした。

何百回訊かれても答は変わらないのだから、いいかげんに諦めて、グラフに反応が出ていると言うなら、所在不明などと見え透いた言い訳などせずに堂々と「記録」の開示をすれば済むことです。

心理的に揺さぶりをかけるつもりで、反応が出ているなどとハッタリをかけたのだと思うけど、思わくがはずれた、というのが本音ではないでしょうか。

取り調べ中の録音テープにしても、開示すれば自白調書のすべてが捜査員の捏造であることも、暴行や脅迫などの実態も白日のもとに曝されてしまうから、存在しないなどと言い逃れて証拠隠しをしているのです。

調書は、被疑者が吐露したもののように思われがちですが、その九〇％以上が捜査員の作文です。予定した調書を作るために、都合のよい言葉を引き出す質問を次々繰り出し、時には被害者を悪しざまに言い、「我々はあんたの味方なんだ」と言わんばかりの発言をしたり、同情するふうに装い、こちらの反応を窺ったりします。

米田刑事は、「……奴（被害者・朴さん）は、相当あくどい金貸しだったらしいな。取り立てが厳しくて、借りてた連中は悲鳴をあげてたっていうから、酷い目にあわされた連中は死んでくれてホッとしているんじゃないか。同業者間の付き合いもほとんどなかったというし、顧客名簿も見当らないっていうから、借金してる連中にとって高橋はお助け神じゃないのか」などと言って、にやついている米田の無神経さに腹立たしさよりは、呆れて言葉もありませんでした。

とにかく、取り調べはきわめて意図的で、長い時間の問答でも、供述調書に記載するのはそのごく一部で、あとは捜査員が都合よく作文してしまうのです。

野坂昭如氏が『四畳半襖の下張り』が猥褻文書に該るとして取り調べを受けたときの体験を、「検察官の取り調べは『恐れ山の仏おろし』みたいに検察官が被疑者に憑依して喋る。実に巧妙な仕掛けである」と言っています。捜査官が供述調書を作成するというのはこのことなのです。被疑者のナマの声ではないのです。

そうした虚偽で塗り固められた自白調書でも、非のうちどころのない見事な文章で動機と心情が犯行につながっていれば、それが裁判の場では、真実として、覆すことのできない強力な自白調書になってしまうのです。

裁判官の前で「自分はやっていない」とどんなに訴えても、それは犯人は否認するのは当り前と思われているから分かってもらえません。

冤罪が作られる構造

警察と検察。彼らはいつも、被疑者を罪人に仕立て上げようとして自白の強要から始まり、被疑者を身体的、精神的に圧迫し、偽計をもって絶望感と諦めの境地に追い込んだり、証拠のねつ造と彼らにとって不利な証拠の隠ぺいなど、ありとあらゆる手段を駆使します。有罪にするために邪魔になるものは、組織ぐるみで徹底して覆い隠してしまいます。

しかし、それだけで冤罪が成立するわけではありません。そこに裁判官が「加担」した時にはじめて、冤罪は成立します。思えば裁判官が一番罪深いのではないでしょうか。

公正無私の裁判ばかりとは限りません。そもそも裁判所という機構自体が堕落しているから、個々の裁判官も何のためらいもなく検察に加担するようになるのではないだろうか。鶴見事件の場合はその典型と言えますが、一審、二審、三審ともに裁判所は見事なまでに検察に加担し、臆面もなく死刑を宣告したのでした。

一審判決「死刑判決」まで約七年。二審判決「棄却」まで約七年（実質審理三年余）。

一審判決後、「相撲に勝って勝負に負けた」と言われた主任弁護人の言葉が、被告・弁護団の無念さと共に、検察側に軍配をあげた行司（裁判官）の判定が意図的であったことを端的に言い表しています。

実際、検察側には客観的証拠も、明確な物的証拠も何も無く、凶器の鑑定でも、主張と鑑定結果が噛み合わず土俵際に寄り立てられ、爪先立ちの状態だったからです。

公判の傍聴を続けてきたマスコミ関係者が判決を聴いて、「あれで死刑はないよなあ」と言っていたと聞きました。

この発言からもわかるように、明確な「犯罪の証明」が無いにもかかわらず有罪とし、しかも死刑を宣告した判決は明瞭な刑訴法三三六条違反であり、万人を納得させることなど到底できない杜撰な内容であって、検察擁護の立場に立った判決であったと言わざるをえません。

このようにして、無欲捨身の正義が私欲保身の権力によって葬られるのです。

刑事訴訟法三三六条（無罪の判決）には、「被告事件が罪にならないとき、又は被告事件について犯罪の証明がないときは、判決で無罪の言渡をしなければならない」と明記されています。

また、憲法第三八条には「何人も自己に不利益な唯一の証拠が本人の自白である場合は有罪とされ刑罰を科せられない」とされています。

明確な物的証拠等、いわゆる「犯罪の証明」が「無」であるにもかかわらず、裁判官は、法律をねじ曲げてでも検察の主張に沿った判決をします。その方が楽だからです。

ではなぜ、裁判官らが、このようにでたらめで、いいかげんな判決を出して平然としていられるのだろうか。

それはおそらく次に挙げる刑事訴訟法が彼らの後ろ盾になっているのではないかと思われます。

刑事訴訟法には、「第三一八条〈自由心証主義〉証拠の証明力は、裁判官の自由な判断に委ねる」と書かれています。

彼らは、この条文に依拠して、やりたい放題やっているとしか思えてならないのですが、この条文に並ぶ一つ前の三一七条には「第三一七条〈証拠裁判主義〉事実の認定は、証拠による」と明記されています。この条文に照らせば、「犯罪の証明」とは、証拠による犯罪事実の認定にあるわけですから、証拠が何も無いということは、犯罪の事実がなかったということにほかならないわけで、にもかかわらず有罪としたのは明らかに刑訴法三一七条違反にあたります。

ところが、三一八条では、証拠の証明力は裁判官の自由心証に委ねるとしています。つまり、「自由心証主義」です。要するに、証拠があろうがなかろうが、犯罪事実の認定は、裁判官個々人の自由な判断、すなわち「胸三寸」で決定されるということです。

「犯罪の証明」とは、国民に共通する常識とか理性によって理解し、認識するものではないだろうか。ところが日本の刑法による「犯罪の証明」とは、万人に共通するものではなく、裁判官個々人の「胸三寸」に委ねられているのです。

三一七条と三一八条は明らかに二律背反だと思います。

明らかに弁護側の立証活動が優っていて、検察は為すすべがなく崖っ渕に追い詰められている状況で、無罪判決が出ると確信している裁判であっても、

「まあ、最終的には三一八条があるわな」

裁判官がそんな考えの基に、検察寄りの法廷操作をしているとしたら、由々しき問題です。いかに強力かつ有効な弁護を展開しても、このような裁判官が相手では、弁護人はなすすべがありません。

検察と同質化していると云われるこの手の裁判官にかかると、「疑わしきは被告人の利益に」の刑事裁判の鉄則が、「疑わしきは罰する」へと逆転するのです。「怪しいからやってしまえ」というやり方です。

山本検事も取り調べ中に「生かすも殺すも私の胸三寸」とはっきり言ったことからも分かるように「生殺与奪」の権を我々は握っているのだぞ、という恫喝です。

保身と栄達、組織のメンツ。それらを守るためにのみ彼らは腐心し、いかにも慎重かつ公正に審理を行っているように見せかけながら、その実、起訴されたら有罪と最初から決めているのです。だから死刑判決だって易々出していささかも痛痒を感じることがないのです。自らの手を汚す必要がないから、十分な審理もせず何人でも死刑にします。たとえそれが冤罪の被告であったとしてもです。

司法の独立などと云われて久しいけれど、それはあくまでも立て前であって、検察と裁判所は持ちつ持たれつの親密な間柄です。

保身と栄達の固まりのような彼らが、法と正義を思いのままにねじ曲げてしまうのだから、正しい裁判など望むべくもありません。検察と裁判所は、元をたどれば一体の組織ではないのかと思えてなりません。

いい例が、二〇〇一（平成一三）年に、福岡地検の山下永寿次席検事が、福岡高裁判事に捜査情報を漏らしていた「捜査情報漏えい事件」です。

高裁判事の妻が、三角関係の女性の自宅や携帯電話に電話やメールを二五〇回も繰り返し脅迫し、女性の夫の勤務先に嫌がらせ電話（ほとんど無言）を六七〇〇回も繰り返すなどした事件ですが、電子メールで「いん乱、死ね」「博多湾に捨ててやる」「夜中に火に包まれて一家全滅」などと脅したりした「脅迫」と、夫の勤務先に嫌がらせ電話をした「業務妨害」、女性の子供が通う小学校に、女性を中傷するチラシを配ったり、子供の学校の靴箱には、「〇〇ちゃんのお母さんはエッチが大好き」とのチラシが入れられた「名誉棄損」、女性の自宅や車の鍵穴に接着剤を注入するなどした『器物損壊』。

以上の四件に係わる捜査情報を高裁判事に逐一伝えたり、警察へ圧力をかけて捜査を妨害し、逮捕を一か月も遅らせ、その間に判事は、妻と共謀して、証拠のほとんどを隠滅していたというものです。

この捜査情報漏えい事件が発覚したのは、二〇〇一（平成一三）年二月ですが、事件の張本人である山下永寿次席検事が前年の三月まで、冤罪鶴見事件の控訴審で担当主任検事をつとめていたのです。

私は被告人として、法廷では検事と向き合う席にいて顔を見知っていましたから、この事件を知った時は非常にショックでした。こういう連中が結託して裁判を取り仕切っていることを思うと、空恐ろしくなります。

他のあらゆる事件の裁判でも、検察官と裁判官が一体となって、内緒話、いわゆる『談合』で事案の処理に当たっているのではないかと疑われても弁解の余地がないのではないか。

実際、あるマスコミの調査によれば、福岡地検が検事控訴した事件の裁判は全勝中（当時）という結果が出ています。

五〇代の元検事は、「（司法修習という）同じ釜の飯を食った仲。法廷を一歩出れば、判事、検事はみんな仲がいい。程度の差はあれ、検事と判事のもたれあいは日常的」と話す。

三〇代の弁護士は「この件は多分、氷山の一角。司法取引とまでは言わないが、法廷に出ない水面下でのやりとりはいろいろある」と明かす。

四〇代の弁護士は「検察官にとっては、検察寄りの判断をしてくれるのが良い判事。古川判事が所属する（福岡高裁）第二刑事部は『検察側にいい』という雰囲気があり、山下次席検事は個人・古川判事というより、その関係を守ろうとしたのではないか」と見ている。（以上二〇〇一年二月一二日「朝日新聞」朝刊より）

いずれにしろこういう事実を知ると、地検が勝訴実績を更に伸ばすために、高裁判事とうまくや、、、、っている、つまり「談合裁判」が行われているのではないかという疑念は深まるばかりです。

検察の思わく通りにいかなかった一審での事案が、検事控訴によって全勝中ということは、無罪が有罪に、有期刑が無期刑に、無期刑が死刑になっている可能性も否定できないわけです。

このような馴れ合い裁判が常態化しているのかと思うと、恐ろしさに背筋が寒くなります。大袈裟でなく本当にそう感じました。我々はこういう連中の下で裁判を受けているのです。

この事件は、たまたま福岡で発覚したというだけのことで、おそらく日本中の裁判でごく普通に行われているのだと思います。

「談合裁判」は、司法官僚のあいだの因習として、脈々と受け継がれていると思って間違いなさそうです。しかも組織的にです。

この事件では当初、互いの組織的関与を否定したけれども、最高検から最高裁までが関わっていたことが、マスコミの調査で判明しています。

検察と裁判所は、元をたどれば一体ではないのかと前述しましたが、この二者が実態として一体なのだということを、はからずもこの事件が如実に示してくれました。

両者の癒着体質は鶴見事件の例を引くまでもなく、これだけはっきりした以上、巧みな言葉の羅列でいかなる弁明をしようとも、ただ言い逃れに聞こえるだけです。到底裁判所を信用する気持ちになどなれません。

再び取調室

ともあれ暴力と脅しによる虚偽自白初日の取り調べは一応終わり、上申書を書くよう言われました。書き方がわからないので、文言はすべて米田の口授に従って書きましたが、初めてのことなので幾つか字を間違えるなどして、紙を替えて書き直していると、隣室から「鶴見署へ六時半だ、急げ！」と米田らの上司の声がかかり、慌ただしさの中で、五～六項目の文を急ぎ書かされ、終わると手錠を掛けられそうになったので、その前にトイレに行かせてもらいたいと頼むと、向こう（鶴見署）へ行ってからにしろと横平に撥ねつけられ、手錠を掛けられて車で鶴見署へと向かいました。

警察の玄関前は報道陣やヤジ馬などで黒山の人だかりでした。

ＴＶカメラ用の強烈なライトの照射と異様な空気の中を米田と横平に挟まれ、横平には顔を上げろ、顔を上げて歩けとせっつかれたけども、無視して下を向いて歩きました。

顔がみんなに見えるように歩け、それが被害者と世間に対する詫びの証しだなど言ってる横平に「バカヤロッ！　今に見てろ！」と腹の中で毒突きながら、下を向いたまま鶴見署の玄関をくぐりました。

鶴見署に引き継がれると簡単な検身を受けた後、留置場の独房に収容されたのでした。

玄関前のヤジ馬と大勢の報道関係者が集まっていたのは、おそらく米田ら捜査一課の連中が、何としても私を犯人として自白させると最初から決めていて、報道機関とのあいだであらかじめ時間の設定をしていたのだと思いました。

今にして思えば、朝の拉致同然の連行から暴力と脅しによる取り調べが続いたのは、何がなんでも時間までには自白させなければならない。犯人に仕立て上げなければいけないという焦りが彼らにあったと思います。時間が迫ってくるなかで彼らが口をそろえて、「今日がタイムメリット（タイムリミット）なんだ！」と自白を迫ったのも、その辺にあるのではないか。「鶴見署へ六時半だ！急げ！」あの性急さも、その表れではないかと思う。

虚偽自白であろうが自白させてしまえばあとはどうにでもなる、という考えが彼らにあるのは、自白が「証拠の王」と言われているからです。

鶴見警察での取り調べ始まる

その夜は留置場の独房で、すえたような臭いのする布団の上に座したまま一睡もせずに不安な朝を迎えました。

起床の号令で布団を下げ、朝の点呼、食事。ご飯を食べる気にはなれずみそ汁だけ頂き、茶を喫した後は壁に凭れ、眼を閉じ、様々なことに思いをめぐらせていました。

妻らは約束どおり解放されただろうか？　三日後の社員の給料は月末に集金した分で足りる筈だが、融通手形の決済ができない。融資の保証人になってもらっている友人や知人のこと、みんな私を信用して心よく引き受けてくれた人達なのだ。迷惑をかけるつもりはなかったが、結果として、皆の好意を裏切ることになってしまった。会社の倒産は必至だが、従業員たちの今後は……妻の生活費は……等々。

前日からの疲労と睡眠不足とで混濁した意識の中では、何を考えても解決策など浮かぶ筈もなく、頭は益々重くなるばかりでした。

七月一日付疑惑の上申書

壁に凭れたままうとうとしていると、ガチャッと鉄扉を開ける音にはっと我にかえると署員から「調べ」と告げられ、出房すると出入口の近くに武藤刑事が手錠を持って立っていました。

取調室に入って手錠をはずしてもらっているところに米田が入ってきて、「オッス。眠れたか?」と聞かれ、私は首を振って返すと、米田は続けて「今日から少し長い付き合いになるけどよろしくな」と握手を求めてきました。仕方なく私も手を出すと、唐手でもやっているらしい節くれ立った手で私の手を握り、「ま、そこへ掛けてリラックスしてくれ」と言われてスチール椅子に腰をおろすと、「今朝はまず上申書を一枚書いてもらう。」そう言うと武藤が用意したB４の紙とボールペンを渡され、武藤の指示で紙を二つ折にしてから、まずこの辺に上申書と書いてくれと言われ、次は住所、氏名、職業、生年月日を記入。それが済むと、米田はファイルに数枚の紙をはさんでいて、そこに書かれているものを見ながら口授を始めました。私は、米田の口授に従って書き進めましたが、一枚どころか六枚も書かされています。

これが後に問題になる「昭和六三年七月一日」付の上申書ということになるのですが、書かされたのは七月二日の朝です。米田から言われて七月一日付にしたのですが、その時は、日付を一日繰り上げて書くことに特に抵抗はなかったし、〝今〟のことが精一杯で、先のことを考える余裕などなかったのです。

後になって考えてみれば、前日米田らの上司が「鶴見署へ六時半だ！　急げ！」とハッパをかけたように時間が迫っている慌ただしさの中で、満足な上申書が出来なかったから、内容を補強したうえで、七月一日付の上申書を作成する必要に迫られていたのだと思います。

前日の上申書は五〜六項目で、Ｂ４紙一枚分にも満たなかったことはよく覚えているのに、二日の朝書かされた枚数も、それが確かに二日の朝だったのか、その辺の記憶がおぼろげではっきりしないのです。

二日朝の上申書は六枚も書かされたと述べましたが、それは後から弁護人から差し入れられたコピーを見て確認したのです。

上申書を書かされた後、検察庁へ送られて検事の前で、「弁解録取書」というものを採られているのですが、これがまったく記憶にないのです。裁判でも何度か訊かれたけれど、どうしても思い出せない。車で連行されたことは覚えているのですが、そこから先の記憶がないのです。

鶴見署で調べを受けている間、上申書は全部で十数通書かされていたので、もしかしたら、二日の朝に書かされたのは上申書ではなかったのだろうか。それとも、あれは二日ではなく一、二日後だったのだろうか？　などとも考えましたが、七月一日付以外の上申書はほとんど一、二枚で、長いのでも三枚位で、日付も七月三日、五日、六日、八日、十日となっていて、一日付は外にないので、この六枚で一部になるものに相違ないことが分かります。

米田の調べを受けていた間は、意識がはっきりしていた日はほとんどなかったような気がします。

上申書もすべて米田の口授によるものですし、調べを受けている最中も、質問に答えながらまったく別の事を考えていました。それは妻のことや社員のこと、友人や知人のことなどでした。

七月二日朝に書かされた「一日付」の上申書が、実際は一日に書いたものではないとはっきり言える根拠は、この上申書には被害者夫婦をバールとドライバーを使って殺害した時の態様が具体的に記されていたり、持ち去ってきたお金の使途の一部として当日、菩提寺の住職から借用していた三〇〇万円を返済したとか、国立恒産の口座に二五〇万円振込んだ、などといった記述があるのですが、このようなことは、七月一日のあの慌ただしさの中で出てくる話ではないのです。

ましてや殺害態様など私に分かる筈もないのに、弁護人から差し入れられたコピーを読んで唖然としました。

鶴見事件のストーリーは米田らの手によって、犯行態様の骨格が既に、この時点で出来上がっていたのです。

米田の口授に従い右のようなことを書かされながら、私は一体何を考えていたのだろうか。おそらく絶望的になっていて、何かを考える余裕も気力も失せていて、米田の言うがまま夢遊病者のような状態で、諾々とペンを動かしていたとしか思えないのです。

米田らは解剖に立ち会っていて、その際に傷口の部位などを十分把握していたうえに、伊藤医師からも示唆を受けたことなどを総合してストーリーを組み立てていたのだと思います。

そしてそのストーリーどおり七月一日付の上申書に、いかにも被疑者が吐露したような記述にしておけば、裁判では強力な証拠になるという目論見が米田らにあったからにほかなりません。

朴夫婦に対する殺害態様の具体例の一つに次のような記述があります。

「バールで社長の頭を思いきり殴りつけ、倒れたところを今度は顔や胸を五、六回力いっぱい殴りつけました。死んだのを確認したので、座敷の隅にビニール袋に入れて置いてあったお金を持って逃げようとすると、奥さんが外出から戻って来て『おとうさんは?』と訊かれたので、『座敷に居ます』と嘘をいうと奥さんが座敷に上がったので、自分もあわてて後を追って上がり、うしろからバールで殴りつけたらトイレににげたので、追いかけていって頭や背中を夢中で何回も殴り、さらにドライバーで腹などを何回も突き刺しました」

などと書かれていて、情景が目にうかぶような巧みな創作文に驚き、恐ろしいとさえ思いました。こんなものが証拠の一つとして認められれば、真犯人でなければ書けない臨場感のある記述だと、裁判官は思うでしょう。実に恐ろしいことです。

取り調べは、最後まで米田が担当し、武藤が補佐についていました。

七月五日頃までは一二〇〇万円の使途について一覧表作りをさせられましたが、表を作りながらも私の頭の中は、妻のことや、友人や知人、そして従業員のことなどで一杯でした。

私が表作りをしている間、米田は、自ら作成したストーリーの骨格に肉付けすることに腐心しているようで、筋立てにゆき詰まると私に質問をぶつけてくるのでした。

その日も、「高橋。社長を殴ったときは一発で倒れたのか?」とか、「社長には刺し傷がないんだが、その必要がなかったからなのか?」などと訊くので、

「昨日も話しましたが、そういうことを訊かれても、私には本当にわからないのですよ。班長

（米田）のほうでいいように考えてくださいよ」

と答えると米田は、

「また同じことを言うのかよ。一日も早く終わらせるために協力するって、昨日も話し合ったばかりじゃないか」

と言って睨みつけ、何とかして米田との協同作業に引き入れようとするのでした。

実は前日も、私が梅田商事の事務所へ行った時間帯を午前一〇時五五分頃と言うのに対して、米田はもっと早い時間帯（午前一〇時三〇分〜四〇分頃）に同意させようとしたことで揉めたり、殺害したのは社長が先か奥さんが先かと訊かれたことに対して、

「私がやったのではないから分からない」

と答えたため米田がムッとして、

「高橋。そんなにごねるならあの恐い刑事（横平）と交替するぞ！ いいのかよ。おれみたいに甘くないぞ」

と脅されたけれど、ここで弱気になったらずるずると米田の言いなりになってしまう、自分は「仮」に認めただけなのだから。という思いが強く、

「そんなこと言われたってやってないものはやってないんですよ！ バールにしてもドライバーにしても、あの刑事がいちいち工具の名をあげて、その中から選べっていうから、殴るならバールが使い易いと思って答えただけで、私から告白したわけじゃないでしょう。殴り殺されているとおしえたのもあの刑事じゃないですか。私が事務所へ行ったときには、ご夫婦は死んでいたんです

よ！　本当なんですよ！」

　そこまで一気に話すと米田は、

「高橋、今更そんな言い分けは通らないぞ。上申書を書いたということは、自分がやりましたと罪を認めたことなんだぞ。上申書というのはそれだけ重いものなんだよ」

　そう言われて一瞬言葉に詰まったけれど、それでも私は言い返した。

「上申書だって私が進んで書いたわけじゃないでしょう。それに班長はあの日、『この場は一応認めておけよ。一応認めておけば検事や裁判官の心証もよくなるし、かあちゃんたちも楽になるんだよ。仮に認めても、高橋が本当にやってないなら無罪になる。調べても証拠が出なければ、黒白は裁判所がつけてくれる。大丈夫だ。高橋が不利にならないように調書にもちゃんと書いてやる』そう言ったでしょう！　仮に一度認めても大丈夫だって言うから、妻たちを一刻も早く解放してもらいたい一心で仮に認めたんです。一回認めても大丈夫だって言ったじゃないですか！」

　と叫び「とにかく弁護士を頼みたいので姉に連絡して下さい！」

　声も強く、私は少し気色ばんでいたかもしれない。

　米田は呆気にとられたような表情でじっと私を見つめ、「高橋、弁護士は調べがすべて終わって、起訴後でなければ頼むことはできないぞ。だから早く調べを進めようと言ってるんだよ」

　米田のその言葉に、私は次に言うべき言葉を失い、目を伏せてしばらく黙っていると、

「高橋、お前は疲れているんだ。今日はもう調べはやめよう。房へ戻って休め。明日ゆっくり話を聞くから、な。」

米田はそういって早々に調べを打ち切り、私は房に戻されました。

翌朝、調室に入ると、すでに米田が待っていて、にこにこしながら、「オッス。どうだ休めたか?」と、ばかに機嫌が良さそうなので今しかないと思い、米田の眼を真っ直ぐ見て、「話を聞いてくれますね」と問うと、途端に米田は笑顔を消し「うむ、約束だからな。一応聞くよ。但し簡略にな。高橋の話をいつまでも聞いてるわけにはいかんのだから」とクギをさされたため、要点を話したにすぎません。したがって、これから書くことは、弁護人へ送った手紙と法廷供述、及び自身が書いた控訴趣意書をまとめた形で説明します。

二人は死んでいた

当日私は、被害者である梅田商事社長の朴さんから融資を受ける予定になっていました。午前一〇時三〇分頃確認の電話を入れ、約二五分後に事務所を訪れた時には、社長と奥さんは既に死んでいたのです。

約三〇分前に電話を入れ、私が来ることはわかっている筈だし、外にも、不意に訪れる客もあろうかと思われるのに、いつも一緒にいる二人の姿が見えない。おかしいな?と思いつつ、座敷に向かって「社長。こんにちわ」と声を掛けてみたが応答がありません。急用でもできて二人とも外出したのだろうか。それにしては鍵も掛けずに無用心な、と思いながらも、とにかく待たせてもらおうと思いソファーに座ろうとしたとき、奥の六畳間から、出かかった咳を途中で止めたような、何かにむせたようなくぐもった感じの音(声か)がしたのです。

誰かいるのか？　そんな感じがして耳を澄まし、少しのあいだ奥の様子を窺っていたのですがそれっきり何の物音もしません。不審に思い、「社長！」と再度呼んでみたけれど応答はなく、静まりかえったままです。

私は思いきって、事務所と奥の六畳間の仕切りになっているカーテンの裾を少しだけ上げてみると、いきなり人の足の裏が目にとびこんできたのです。びっくりしてカーテンを放しました。

しかし、間もなく私が来ることが分かっていたし、ほかにも来客があるかもしれないこの時間に、まさか昼寝はないだろうと思い、今度はカーテンを上の方まで上げてみました。するとそこには、二人が仰向けの状態で横たわっていたのです。

社長は私がいる方に足を向けて大の字に、その奥に社長とは逆に頭をこちらに向けて奥さんが横たわっていました。

この時点では、異常は感じたもののまさか死んでいるとは思えず、もう一度、「社長！　奥さん！」と呼んでみましたが、二人ともまったく反応がないのです。

この時、社長の足を持って揺すったような気がしているのですが定かな記憶ではありません。

とにかく、これは只事ではない！　そう感じて靴を脱ぐのも忘れて、咄嗟に一段高くなっている六畳間へ膝から跳び上がり、そのまま四つん這いの格好で社長に近づき、体を揺すったり頬を叩いたりしてみましたが、いくらか体温は残っているものの呼吸は完全に停止していました。

それでも、社長の耳元に口を近づけて大きな声で呼んでみたけれど、ぴくりとも反応はなかったのです。ただ口の端から細く血が一筋出ているのを見ました。それを見て一瞬、服毒の二文字が頭の隅をかすめました。

これは大変な事だ！　と思い奥さんの所に這っていき体を揺すったり頬を叩いたりすることを続けましたが、まったく反応がありません。それでも死んでいることが信じられなくて、更に社長の方へいき、また奥さんのところに戻り、同じことを繰り返したけれど、やはりふたりとも息はしていませんでした。

ふたりとも死んでいる！　そう分かった途端、体が硬直し、パニックで頭の中が真っ白になって何がなんだか訳が分からなくなって、這った状態のままふたりを交互に見ながら、なんだか気が抜けてしまった感じでした。

人が二人も死んでいる場所に足を踏み入れてしまったのです。人生で初めての経験に驚きが大きすぎて、ふたりがなぜ一緒に死んでいるのかなどと考える気持ちの余裕などまったくありませんでした。

どうしたらいいのだ……少しの間、呆然自失の状態でしたが、はっと我にかえり、とにかく一一〇番しなければと思い立ち上がったのですが、足腰が萎えてしまった感じで力が入らず、一歩踏みだすと足がもつれて、つんのめるようにパタッと四つん這いの格好で倒れ込んだとき、シャツの胸ポケットからタバコとライターが前方へとびだしました。私は這いずるようにしてタバコを拾い、その先のライターをつかんだとき、目の前の事務机の脚下の少し奥の内側の所に、半透明のビニール袋（当時スーパーなどで使っていた手提げ式のレジ袋）に入っている札束らしき物が目にとまりました（このとき、もしも、私が倒れることなく立っていたとしたら、おそらくビニール袋は目に入らず、したがって札束に気付くことはなかったと思います）。這い寄って袋の口を開いて確かめると、それはかなりの量の札束でした。それを見て、夢の中から現実に引き戻されたような感じになり、体がふるえました。その時、社長と奥さんのことは頭から消えていたのかもしれません。

資金繰りに困り、この日、融資を受けることになっていた私は、その札束に目が眩み、一一〇番しようとしていた気持ちはどこかへ飛んでしまい、前後のことも考えずに結果として、そのお金を持ち逃げしてしまったのです。

これが真実なのですが、人殺しなど絶対にやっていないと必死に訴えても、絶対に耳を貸そうとはしません。彼らに都合のいい理由をこじつけてでも、こちらの言い分をねじ伏せ、強圧的に自白を迫って来るので、無実を信じてもらうのはまず不可能です
米田にはもっと手短に話したのですが、私が話しているあいだは口を差しはさむことなく聞き、話し終わると、

「う～む、高橋の気持ちも分からないわけではないけどよ、何度も言うように、上申書を提出した以上その言い分は通らないんだよ。事情はともかく一旦認めたんだから、その線で調べを進めて、裁判ではっきりさせればいいじゃないか。その方が利口だぞ。調べが済めば弁護士を頼むこともできるし、かあちゃんにも会えるんだぞ」

結局、分かってはもらえなかったのだ。

今、振りかえってみれば、自分がしたことは、人として、本当に恥ずべき行為でした。資金調達ができなければ、会社倒産も選択肢の一つとして考えていたのだから、なぜ一歩踏みとどまること

ができなかったのかと、自分の浅はかさを今更悔やんでみても取り返しのつかないことです。結局、己れの自制心の無さが命取りになったわけで、当然の結果なのかもしれませんが、だからといって身に覚えのない殺人罪まで被せられることなど承服できる訳がありません。

上申書を提出したのだから……と米田は上申書を楯に取るけれども、七月一日の自白は、暴力と詐術によって偽りの供述をさせたのだし、二日書かせた上申書もだまし討ち同然なのだから、これからもできる限り米田に挑戦していかなければ……などと考えていると、

「なあ高橋。高橋もかあちゃんのことや会社のことなど、心配ごとがいろいろあって気持ちが揺れるんだろうが、何も心配することはないぞ。かあちゃんのところにはベテランの刑事が二人付いていて、借金取りなどうるさい連中からガードしているし、生活の面倒は弟（妻の弟）がみてくれることになっている。従業員は全員、星電工業（姉の夫が経営する電気工事店）が引き受けてくれることになって、すでに働いている。

W電設（手形を融通してもらっていた同業者）の方も、刑事が一人付きっきりで動き回って話をつけているし、Sさんや Tさん（保証人になってくれた二人）も、それぞれ決着がつきそうだと言ってるそうだ。

そういう状況なんだから、外の事は外の者にまかせて、高橋は余分なことは考えないで、調べを早く終わらせることを考えろよ。かあちゃんには、これからも刑事が付いて守っていくから大丈夫だ。安心しろ」

そう言われて、不覚にも涙ぐんでしまいました。

妻に付いてくれているという刑事の一人を紹介してくれて、その刑事も、「奥さんしっかりしているよ。大丈夫、心配ないよ」といってくれたその言葉にも胸が熱くなり、涙をおさえることができなくなってしまいました。

何よりも気掛かりだった妻の生活のことや、従業員の就職先のこと、友人、知人たちのことまでも、米田刑事は今まで何も言わなかったけれど、陰で気を配っていてくれたのかと思うと、その思いやりに応える意味でも、これ以上米田を困らせるのはよそう、自分はどうなってもいい、不本意ではあるけれども、米田に協力して早く調べを終わらせて、米田が言うように、後は裁判で黒白をはっきりさせてもらおう、という心境になっていったのでした。

この日を境に、米田に迎合するかたちで、米田の意に添った調書の作成に協力することになるのですが、米田はこの作業が始まった日から、取調室にポットと急須などを持ち込み、お茶とたばこは自由にやってくれといい、時には缶コーヒーを買ってくるなど気を遣い始めました。

米田が自分の描くストーリーの組み立てに熱中している間、私にさせたことは、事件当日、自宅から梅田商事まで車で走った往路と帰路を図に描かせたり、一二〇〇万円の使途についての一覧表の残りや、バールとドライバーの画を描かせることでした。

そうした作業を続けさせながら、米田は自分の考えに行き詰まると、「なあ高橋、社長も女房の方も、頭を殴ってないのは何か理由があったのか?」とか「社長は一発で倒れたのか?」などと、数日前に言い争いになった同じ質問を蒸し返したりするのでした。

米田に迎合するといっても、唯々諾々と従っていたわけではないので、同じことを訊かれるとム

ッとなるのですが、そこはできるだけ穏やかに
「班長、こういうことを言うと班長はまた怒るかもしれないけど、本当に自分がやったわけじゃないから、頭を殴らなかった理由を訊かれても、正直いって答えようがないんですよ」
そう答えると米田は、一瞬険しい表情になりながらも、案外穏やかな声で
「だったら高橋の意見を聞かせてくれよ。どうして頭を狙わなかったんだと思う?」
そんなふうに問われると、私も何か感想を述べないわけにはいかなくなり
「上申書には、たしか頭や顔を殴ったと書きましたよね。実際にはどこを殴られているんですか?」
と逆に問うと米田は、「エッ?」というようななんともいえない表情になり
「首と肩だよ」
とぶっきらぼうな返事に、私は少し考えて、
「それは頭を殴ろうとした手がすべって首や肩に当たったのとちがいますか」
というと、
「そんな投げやりな言い方をしないで真面目に考えてくれよ、たのむよ、高橋」
と、ばかに低姿勢に出られて気をよくしたわけではありませんが、米田を怒らせるのもどうかと思い、
「あくまでも想像ですけど、バールのような物で硬い頭を殴れば皮膚が切れて血が出るからじゃないですか?」

と思いつきでいうと米田は、「そうかぁ血がなぁ……」と小声で呟くようにいいながら、ざら紙にメモを取るといったやりとりがほとんどなのですが、こうした私の思いつきの感想や発言が、後に調書になると、私が明確な意思（血を見たくないという）をもって、首や胸を狙って殴ったというようにすべての点で、進んで自供したかのようにすりかえて書かれていたのです。

調書は、被疑者に読み聞かせてから、署名指印を取ることになっているのですが、米田は、聞かせたくない箇所は故意に飛ばすか、表現を変えて読んでいたのです。

拘置所に移監後、弁護人から差し入れられた調書を読んで、体がふるえるほどの怒りを覚えました。もっともらしいストーリーで、迫真力のある完璧な作文が出来上がっていたからです。

こうした一見非の打ちどころのない調書が法廷で採用されれば、たとえそれが捏造されたものであっても、被告人の署名と指印があれば真実として通ってしまうのです。

それにしても、私が感想として述べたことや発言が衝撃的なまでに歪曲されていた内容に怒りが大きすぎて、血圧が急激に上昇し、一時意識が薄れるほど気分が悪くなり、医師の診察を受けたほどだったのです。

米田の親切心がおためごかしとは見抜けずに、当初はなかば迎合的になっていた自分にも責任はありますが、内容の九〇％が虚偽でうめ尽くされた調書になろうとは、思いも寄らないことでした。

彼らには犯人逮捕のノルマがあるから、いかに卑劣な手段であろうとも、またそれが違法な取り調べであったとしても、できることはすべて駆使して、調書に署名と指印さえ取ってしまえばこっちのもの、あとは裁判所と検察が援護してくれる、また警察も、組織として一体で対応するからどうにでもなる、という考えが根底にあるから、法を無視した取り調べであろうと何であろうと罷り通ってしまうのです。裁判所という強い味方が後ろに控えているから怖いものなしです。

彼ら捜査員の無軌道ぶりが露見することがあるとすれば、それは万に一つ、彼らの法廷証言に齟齬が生じた場合ぐらいでしょう。

私の姉の連れ合いは元警察官でしたが、

「検挙件数のノルマは全課にある。ノルマをこなせないと、検挙できなかった理由書の提出を求められたり、巡査クラスの実績が上がらないと上司である巡査部長が呼び出され、係長や課長に責められたり、交番勤務などに配置替えになったり、それでも実績が上がらないと非番の日を返上させられるなどペナルティを科せられるようになるんだ。

それが厭さに検挙実績を上げるための事件をデッチ上げ、証拠を捏造することもありえるよ」

と話していたことがありました。

「警察のなすべき重要な任務は、犯人の検挙よりも犯罪を未然に防ぐ防犯対策である。と警察学校では教育しておきながら、現場では、わざわざ罪を犯させて捕えるという本末転倒のようなことをしている。俺は、それが堪えられなくて警察を辞めたんだよ」

とも言ってました。

これが、警察が伏魔殿と云われる所以だと思います。実績主義が常態化している限り、冤罪は無くならないでしょう。デッチ上げ事件が一度成功すれば、次からはその手口も巧妙になり、どんどんエスカレートしていくのは必然です。

話を取調室に戻します。

米田に対して迎合的になっていたとはいっても、決して積極的になっていたわけではなく、米田が自分の構想に行き詰まったときにぶつけてくる質問に感想を述べることがほとんどで、それ以外の時間は、事件現場となった梅田商事事務所内の見取図を書かされたり、梅田商事を紹介してもらった渡辺洋信との関係や、妹の連れ合いであった桜井啓一に大金を貸すようになった経緯などについて書かされていましたが、夜遅く房に戻ってひとりきりになると、今の状況に何かやはり釈然としない思いになり、考え込んでしまうのでした。このままズルズルと米田のペースに引きずり込まれていたら、しまいには取り返しのつかないことになるのではないかと考えるようになり、これまでのことを思い返してみました。

妻の弟が、今後の妻の生活の面倒を見てくれることになったと米田はいったけれど、弟は一介のサラリーマンで、しかも家を新築したばかりなのに、住宅ローンのことなどを思えば、援助するだけの余裕があるとは思えない。

妻には二人の刑事が張り付いていて、借金取りなどからガードしているというが、借金取りがそんなに来る筈がない。来るとすればノンバンクの二社だけで、保証人のSさんとTさんには申し訳のないことだけれど、この件についても、二人が既に解決しているように思えてならないのだ。なぜそう思うかというと、Sさんに限って言えば、米田がお茶とタバコは自由にやってくれ、といってよこしたタバコはハイライトだったが、二日後に渡されたのはマイルドセブンで、武藤刑事の話によると、Sさんが用事があって来て、その時一〇個差し入れてくれたというのだ。その話を聞いて、Sさんはどうにか決まりを着けてくれたのだと感じました。

なぜなら、保証人の件が解決していなければ、差し入れなどに気は回らないだろうし、私の好みの銘柄を差し入れてくれたことにも、Sさんの安堵感のようなものが感じられたのです。

そうしたことから考えてみても、連帯保証人になっているわけでもない妻のところに、借金取りが来るわけがないのだ。

金融公庫からの借入は商工会議所の保証が付いていて、残債は僅かだ。

銀行からの借入には信用保証協会と義兄（姉の夫）が保証しているから、おそらく義兄が対処してくれている筈。

京子の身の安全を護るためと称して張りついている二人の刑事の目的は、まったく別のところにあるのではないか？　たとえば共犯とか、「黒いカバン」の線だ。米田は黒いカバンよりも、共犯の存在を捨て切れずにいることはわかっている。取り調べ中に、ふと思い出したような感じで訊くことがあるからだ。二人の刑事は、「かかってくる電話に神経をとがらせていたようだし、近くのスーパーに買い物に出れば、付かず離れずの間隔を保って必ず二人が付いて来た」と後に妻が話しています。

Wさん（融通手形の件）にも刑事が一人付いて解決に奔り回っているというが、現金がなければ解決できない問題なのに、警察が民事に介入するだろうか。考えれば納得のいかないことばかりだ。

妻の生活費の心配から従業員の就職先の斡旋まで、警察がそこまで面倒をみるとは思えない。

少し冷静になって考えてみれば、何もかもが米田のおためごかしとしか思えず、このまま米田のペースに嵌まれば取り返しのつかないことになる。どう考えても、米田が言ったことは全てが出まかせなのだ。明日の調べは、米田の出方次第で拒否しよう。思考がそこに行き着くと、明け易い七月の空は明るくなり始めていました。

翌朝、取調室に入ったときは米田は来ておらず、武藤刑事がいれてくれたぬるい茶を飲んでいるところに入ってきた米田は、何がうれしいのかニヤニヤしながら、

「おはようございます。今日もよろしくおねがいします」

とおどけてみせた。そのあと真顔になり、椅子に掛けると、鋭い目付きで私を見据えるようにして、

「高橋、今日はきっちり協力してもらうからな。昨日もおとといも全然進んでないんだからよ、いいな」

と、米田がその朝はいつにもまして高圧的に出た。それには理由があって、前日、前々日の調べのなかで、米田が反故になった調書用紙を数枚重ねて筒状に巻いたものを私に持たせ、それをバールに見立てて、武藤刑事を被害者の社長と想定し、どんなふうに殴打したのか、そのときの二人の位置関係と体勢がどうだったのか再現してみてくれ、といわれたことに私が反発し、

「私がそんなこと知るわけないじゃないですか！」

と拒絶したことで米田が激怒し、

「高橋！　同じことを何度も言わせるなよ！　自分がやりましたと認めて上申書を書いたんだか

ら、その線で話を進めていかなきゃ堂々めぐりだろうよ。そうやって何年もゴネるつもりでいるのかよ。それならそれで俺のほうは一向にかまわないんだぞ」
と前日に言い合いになったことが、米田の気持ちをいらつかせ、高圧的になっているのだと私には分かっていました。

前々日には、殺された奥さんの体にのこる六〇箇所以上の刺し傷（プラス・ドライバーが凶器ということになっている）について米田が「バールだけではだめだった（死ななかった）のか？」と訊かれたことに反発して、「そういう言い方はやめてください。私にわかるわけがないでしょう」と言ったことで衝突したこともあって、米田としては、この二日間ほとんど調べが進んでいないことは事実で、調べが進まない焦りが米田を苛立たせているのでしょうが、私に言わせれば、堂々めぐりの原因をつくっているのは、むしろ米田の方なのです。

この後も、まったく同じような言い争いが度々起こるのですが、そのときの一例を控訴趣意書の「補充書」として提出した写しがあるので紹介します。

控訴趣意書（補充）

先に提出した趣意書の中にわかりにくい箇所や、説明不足の点がありましたので、補充書を提出させていただきます。

九月九日付趣意書の一九頁から二〇頁にかけて、調書と事実の食い違う点について説明している箇所がありますが、その中で「これは米田刑事の苦心作（バールを持った手が疲れたからドライバーに持ち替えたというのは不自然で、このような状況の時は、バールを握っている指がこわばってしまって、凶器から容易に手から放せなくなる）」

と記述した（ ）内の表現が、あとで読み返してみると、米田刑事ではなく私自身の考え、あるいは発言ととらえられるような誤解を与えかねない書き方になっているので、とくにこの点について、当時の取り調べ状況は今でもほぼ鮮明に記憶していますので、米田刑事とのやりとりを再現する形で説明したいと思います。

鶴見署取調室

米田「高橋、この前の話で朴さんをやった時バールからドライバーに道具を替えているんだけどよ、これは何か理由があったのか？」

高橋「だからこの前も言ったじゃないですか。私がやったわけでもないのに、そんな細かいこと訊かれても分かりませんよ。そっちで考えてくださいよ」

米田「またそんなことを言うのかよ！　高橋！　そんな言い方するなって、このあいだも言っただろう！　高橋だって協力するって言ったじゃないか。てこずらすと本当にあの恐い刑事と交替するぞ！」

高橋「そんなこと言われても、分からないものは分かりませんよ。班長（米田）の方で考えてくださいよ。今までだってそっちでお膳立てしたものについて私なりの考えを示しながら協力してるじゃないですか」

米田「おっ、逆襲かよ。俺も高橋の家族のことについては気を遣っているつもりだけど、高橋がそういうつもりなら一切面倒みないぞ。いいのか高橋、何度も言ってるように、調べが終わらなければいつまでたってもかあちゃんには会えないし、弁護士を頼むことだってできないんだぞ。それでもいいのかよ。お前だって会いたいだろう。かあちゃんによ」

高橋「……（家族の面倒をみてくれているようなことを言っているが、私には半信半疑なのだ）……しばらく沈黙」

米田「部長（武藤部長刑事）高橋が石になっちゃった。お茶いれてやってよ。一服してもらおう」

武藤刑事がポットを持って調室の外へお湯をもらいにいっている間に、米田刑事はニヤニヤしながらそばに来て、私の肩を揉みながら、

「高橋、何をとんがってんだよ。もっとリラックスして、早く終わらせることを考えろよ。その方がお前のためだぞ」

と言われましたが、分かりましたという気にはなれず、

「べつにとんがってるわけじゃないですけど、わからないものは本当にわからないんですよ。

考えつかないんですよ。腕が疲れたからドライバーに替えたということではどうですか」と言いました。

「疲れたからなぁ……」と米田は呟くようにいい、そのあと少しお茶を飲みながら雑談を交わしているうちに昼食時になったので一旦留置場へ戻りました。

午後の調べはいきなり本題には入らず、米田刑事は、高橋は魚釣りが趣味なんだってなあ、と釣りの話題から始めました。

今頃はどんな魚が釣れるのかとか、高橋くらいのベテランになると、穴場もけっこう知っているんだろう。釣りも奥が深いらしいな。今度ゆっくり釣りのイロハを教えてくれよ。

などと人の気持ちをくすぐるような話をするのでした。

心にもないことを、と思いながらも、好きな釣りの話になるとついつい乗せられてしまい、いつか米田刑事のペースに巻き込まれてしまうのです。

私の肩を揉んだかと思うと今度は腹をさすりながら、この中のものを全部出してくれよなどと、こちらの気持ちをほぐしていく術が米田刑事は実にうまいのです。

しばらくの雑談のあとで、米田刑事はこう切り出しました。

「高橋も調べが長くなれば疲れてくるし、厭きるだろう。早く終わらせてかあちゃんに会うことを考えろよ。心配してるぞ、かあちゃんだって」

妻のことを持ち出されると、ついわけもなく目蓋が熱くなるのを覚え、心では抗いながらも、米田刑事の言いなりになっていくという状態でした。

バールからドライバーに道具が変わっていることについて話が戻されました。

米田「なあ高橋。さっき腕が疲れたからって言ったけど、いま一つ説得力に欠けるんだよ。刀でもドスでも、力いっぱい握って人を殺す時っていうのは、体中の力と神経が手指に集中するし、恐怖心もあるから、考えられないくらいの力が握っている指に加わるんだな。だから事が終わってドスでも刀でも、手から放そうとしても、指が硬直してしまって簡単には手から放れないそうだ。つまり、指が凶器を握ったままの状態で開いてくれないんだな」

高橋「そういうものなんですか」

米田「俺は経験ないけどよ、以前俺が取り調べた奴もそういってたし、ほかでも聞いたことがあるもの。そういうものなんだよ」

このようなことから、「バールをくるんでいた新聞紙の先端がやぶれていたためか、勢い余って、握っている手からバール本体がすっぽ抜けてしまい……」といったことを米田刑事が考えついたわけです。だからドライバーに替えたというわけです。

さすがにこれは、私など思いもつかないことですが、もともとバールを新聞紙でくるむという発想自体が米田刑事のものなので、いろんなアイデアがあるのかもしれません。

翌日になると米田刑事は、ボール紙で作ったバールの模型を持って来て、それを新聞紙でくるむことを私にやらせました。

くるみ終わると、両端をテープで止めるよう電工用ビニールテープを渡されました。私はごく当たりまえに、通常われわれ電気工がテープを巻くときの要領で、螺旋状に巻こうとしたところ、「いや、そうではなく、短く切ったテープを簡単に貼り付けてくれ」と注文をつけられそのようにしましたが、子供でもこんな巻き方はしないでしょう。

私が余計なことを言う必要はないので黙っていましたが、米田刑事としては、私のやり方でテープを巻いたのでは、バールが手からすっぽ抜けるという彼の苦心作の発想につながらないからだろうと思いました。

しかしよく考えてみますと、指が硬直して開かなくなるほど固く握りしめている手の中から、バールがすっぽ抜けるというようなことが実際に起こりえるとは思えません。

（中略）

米田刑事は芝居がかったところのある人で、調書のいたるところにそうした記述が見られますが、中でも最たるものが七月二日付調書の（二）にある記述です。

「……梅田商事のご夫婦に対し、本当に申しわけないことをしてしまったという気持ちでいっぱいです。

この歳になって、なんでこんなことをしてしまったのかと思うと、やりきれない思いです。

『この時供述人は涙を流し、両手を顔に当て、泣きくずれ、言葉にならない状態が三〇秒位続いた』」

とありますが、もちろんこのような事実も、読み聞かされた覚えも全くありません。よくもここまで芝居じみたことが書けるものだと呆れるばかりですが、取り調べ中に私が涙を見せたのは、妻の生活費の心配や、従業員の働き口などについて米田刑事が心にかけてくれ、一つひとつ解決していると聞かされた時、感激の余り涙をこぼしたことと、七月一日の取り調べで、強盗殺人など全く身に覚えのないことだから、否認を続けていたため、米田、横平両刑事から、妻を連行して来て共犯として取り調べている。「決心（自白の）がつかないなら、女房と留置場に泊まって二人でよく考えろ」と言われたことに驚愕し、妻にそんな辛い思いをさせることはできないと思う一心から、心ならずも彼らに屈し、虚偽自白を強制させられた時の悔し涙。

この二回だけで、これ以外に取り調べ中に涙を見せたことなど一度もありません。

私の場合に限らず米田刑事は、こういう類の調書を常習的に書いているのかもしれません。演出効果やリアリティをねらってこういう虚構を書くのでしょうが、とんでもない刑事がいるものです。

以前、私が梅田商事を訪れた際にトイレを借りて、部屋の中の様子をだいたい頭に入れておいたなどと書いていることも、根拠のない出鱈目の話ですが、七月一三日付調書には、「この時本職は、供述に対して……」と始まり、「サニーバネットから領置したバール三本を示したところ、供述人はそれを交互に持って感触を確かめ上下に振ったりして……」

といった記述や、大黒ふ頭で発見されたというバールを示したところ供述人は、「梅田商事のご夫婦を殺した時に使ったバールに長さも太さもよく似ている」と言ったとか、更にそのバ

ールを供述人に持たせてその感触を得させようとしたところ、

「刑事さん勘弁して下さい。梅田商事のご夫婦を殺したバールを今、とても手にすることはできません」と言ったなどと、このあたりの記述は全てが嘘八百もいいところですが、ここまでいいかげんなことを書かれますと、憤りの余り頭に血が昇って来ます。

そもそも大黒ふ頭で発見されたというバールを見せられたのは、公判で被告人質問の際に検事から初めて示されたのです。そのバールは新品で、こんな物で人が殺せるのかと思うくらい細身の物で、しかもガスバーナーか何かでわざわざ焼いてありましたが、そのような姑息なことをしても、ゴミ処分場の焼却炉で焼かれたら、あの程度の焼け方で済む筈がありません。

実況見分の時に使ったバールもドライバーも、ボール紙で作った模型でしたし、取調室で、武藤刑事を仮想被害者に見立てて実演させられた時も三〇センチの直定規や、調書の反故を数枚筒状に巻いて使っていたのです。実物に手を触れさせるようなことは絶対にしません。こうした事実だけでも、米田調書がいかに出鱈目であるかが分かっていただけると思います。

このようなことをいちいち拾っていたらきりがありませんのでこれで止めますが、調書の中身は、金銭関係を除いて、それ以外の記述のほとんどが米田刑事の作文です。

米田刑事が、自分の描くシナリオどおりの供述をさせようとして強引な誘導をすることに私は反発し、何度も供述を拒否したことがありました。

自分はこれまで、自己の意思にもとづいて供述したものは一つもないので、すべて撤回してもらいたいと申し入れ、米田刑事と衝突することもしばしばなのですが、その度に米田刑事は、

「あの恐い刑事と交替するぞとか、上申書を書いた以上その言い分は通らない」などと決まり文句を並べて逃げるので、「それなら強制連行した七月一日にどのような取り調べが行われ、どういう状況のもとで上申書を書かせたのか、すべて録音していたのだから、その時のテープを聴かせてくださいよ」と要求したことがありました。

その時米田刑事は、不意を突かれたような目の動きを見せ「テープ？ そんなものあるわけないだろう。なあムトちゃん（武藤刑事のこと）」と武藤刑事に同意（救い）を求め、武藤刑事もすぐそれに応え「テープなんてないよ高橋、何か勘違いしているんじゃないのか」とテープの存在を否定しましたが、あの日武藤刑事が録音機の操作をしていたのを見て分かっていたのですが、どんなに追及したところで否定されるのは分かっていましたから、それ以上の言及はしませんでしたが、「録音テープを……」と虚を突かれた瞬間の米田刑事の目は、つくろいようのないほど完全に泳いでいました。

米田刑事は、私が納得したとは思わなかったのでしょう。翌日、取調室に入ってくると小さなカバンの中から、ケースに入ったデジタル式携帯用血圧計を取り出して見せ、

「わかったよ高橋。昨日、録音テープと言っていた意味が。こいつを録音機と見間違えたんだよ。たしかあの日、横の机の上に置いてあったからな」

などといって私の機嫌をとるような態度で、血圧を測ってくれたりしましたが、私はこの時、米田刑事が馬脚を現した、と思いました。

「隠すより現る」「語るに落ちる」

ということわざが頭に浮かびました。

私の本業は電気工事ですが、家電製品や通信機器などの販売も多少は手掛けていましたから、問屋から送られてくるカタログや新製品には常に目を通していました。

その私が素人ならいざ知らず、テープレコーダーと血圧計を見間違うことなど絶対にないのです。机の上にはソニー製のテープレコーダーが置かれていたのです。

見込み捜査によって強盗殺人犯を逮捕したと思い込み、これからその取り調べをしようとする取調室の机の上に、血圧計など置く必要がどこにあるのでしょうか。子供だましのような、見え透いた小細工をするものだと思いました。

これをもちまして補充書とします。


右のとおり補充書を提出致します。

平成八年一〇月二一日

横浜拘置支所在監

被告人　高橋和利

東京高等裁判所

第一一刑事部御中

検事調べ、そして起訴

検事調べ始まる

米田の調べがほぼ終わりに近づいた頃から、検事調べのために検察庁へ通うようになりました。

山本検事は、最初は米田と同じように、一二〇〇万円の使途についての一覧表を私に書かせながら、米田刑事作成の調書をチェックしているようでした。

山本検事は、米田調書については納得いかない様子で、特に凶器については懐疑的でした。

「凶器はバールとプラス・ドライバーということになっているけれども、まったく別の物ではないのかね」

と問うので

「バールもドライバーも警察が決めたことですし、バールは大黒埠頭の埋め立て現場から出てきたそうじゃないですか」

と答えると、

「あそこからはバールに限らずハンマーやスコップなど何でも出てくるんですよ」

と全く信用してないようです。刺器についてもドライバーではなく「目打ちじゃないんですか」

と訊かれたけれど「さあ、目打ちがどんな物かは知っていますが、私に訊かれても……」と答えると山本検事は、何も言わずに私を睨みつけていましたが、凶器についての質問は、以後一切しなくなりました。

刺器については、横平が私に道具の選定をさせた中に「アイスピック」が入っていましたが、当初は彼も、プラス・ドライバーよりもっと先の尖った物を想定していたようでしたが、電気工事の道具にアイスピックなど無いと私に言われて諦めた経緯があります。

山本検事にとって凶器のことなどはどうでもよかったようで、彼の狙いは「黒いカバン」と「共犯」の二点でした。

山本検事は「これだけ大きな事件をあなた独りでやったとは到底考えられない。共犯の名を喋ればあなたの家族に被害が及ぶ、というような脅迫を受けているのではないか」ということや、「あなた自身犯行を自白しているのに、カバンの所在を知らないというのは不自然で、信じるわけにはいかない」という理由で、以後、人間の我慢の限界を超える程の執拗さで責め続けられました。

「黒いカバン」と共犯。特に「黒いカバン」に絞った調べが五日間ほど連続で、朝から深夜に亘って行われました。

昼間は検察庁で調べを受け、夕方五時過ぎ頃に鶴見署に戻り、夕飯を済ませ、やれやれと一休みする暇もなく追いかけるように山本検事と事務官がやって来て、深夜一一時、一二時過ぎまで調べを受けました。

私がいくら知らないと言っても、そんなことを聞く耳は持たないという態度で、無言で見据えられると射竦められるような圧迫感があり、まるでダニか蛭のように、一度食いついたら金輪際はなさないぞ！　という執念深さを感じました。

米田らと違って言葉遣いは静かでも、それ故に冷ややかで、据わったような双眸の奥に鬼気迫るものさえ感じて、見詰めていることができませんでした。


「あなたが梅田商事へ行ったと思われる時間帯の前後に、取り引き関係の者が梅田商事を訪れた様子も、目撃情報もないのに、金は持って来たがカバンは知らないという理屈は通らない」

と山本検事は言うけれど、見たこともない物をいくら問い詰められても答えようがないではないか。

私が梅田商事へ赴いた時間帯の前後に他の者が訪れた様子も、目撃情報も無いというが、果たしてそうだろうか。隣り近所の者が目撃していなくても、通りすがりの者が見ている可能性だってあるし、近隣の者が気づかない場合だってある。日々の営みのなかで、梅田商事に特に関心を持って生活しているわけではないのです。

現に私は、梅田商事の事務所から出て来る男を直前に目撃しているし、私自身も、クリーニング屋の主人に見られているのです。

そのクリーニング屋は道路をはさんで真向いにあって、道路側に向ってアイロンをかけているから、梅田商事から出た時に、主人がアイロンの手を止めてひょいと顔を上げれば、正面から向かい合うことになります。その時はちょうどそんなタイミングだったのです。

しかし、私より前に梅田商事から出てきた男の姿も、私が出入りする場面も目に留めた人は一人もいなかったということです。

それほど人の記憶はあやふやなものだし、仮に目撃したとしても、大きな音がしたとか、大声で騒いでいたとか強く印象づける事でもなければ、隣り近所のことをいちいち気に留めながら生活しているわけではないのです。

米田の調べが十日ほど過ぎた頃、米田から「今日は少し調書の整理をするので、部長（武藤）と雑談でもしていてくれ」と言われ、武藤刑事といろいろ話をするうちに、「事件当日、梅田商事へ赴いた際、特に何か気付いたことはなかったか」と訊かれ、前述したように、直前に梅田商事から出てきた男について、当日、私が車を止めようとした先に白いライトバンが、頭を少し右に切って発車態勢にあり、梅田商事の事務所から手にショッピングバッグを提げて出てきた男がライトバンの助手席に乗り込むとすぐに走り去ったので、私はそのライトバンが止まっていた場所に車を停めたことを話しました。すると、どんな男だったかと訊かれたので、その男の身体的特徴やおよその年格好などについて話し始めたところ、米田が割って入り「ムトちゃん（武藤）、その話は後にして、身上書を上げちゃってよ」と言われてこの話はそれきりで終わったのです。しかし後にこの件が非常に気になる事柄として浮上したときに思ったのですが、あの時米田が、私と武藤刑事の話に横槍を入れたのは、ただひたすら、私を真犯人に仕立て上げることしか念頭になく、調べもかなり進んでいたこともあって、他の煩わしい事は一切葬ってしまいたかったのではないかということです。

そういう捜査姿勢が真犯人を闇に潜ませてしまったのではないかと思われてなりません。

黒いカバンの追及

山本検事は「黒いカバンはどこにあるのか。また処分したのならどのように処分したのか言いなさい」と一点張りの追及が連日なのでほとほと参ってしまい、「そんな無理難題を言われても、見たこともないのだから話しようがないでしょう」と言うと、検事は「そんなはずはない」と言う。「知らない」「そんなはずはない」の堂々めぐりです。

おなじ取り調べでも、ほかに話題があればまだよいのですが「黒いカバン」以外のことは一切訊こうとしないのだから始末が悪い。

何を根拠に「知らない筈はない」などと言えるのか。答えようもなく、私が黙ってしまうと三〇分でも四〇分でも、私が何か言うまで、山本検事は一切口を開こうとはしませんでした。神経戦とでもいうのか、長いながい沈黙が続くので、これがいちばん辛かった。

検事が口をつぐんでしまえば、こちらも話すことはないので黙って下を向いていると睡魔におそわれるのです。検事の前で舟をこいではいけない。非礼になると思い必死でこらえているのは大変辛いことでした。

検事が何か言ってくれれば私もそれに対して受け答えするのだから、眠気を払うこともできるのですが、

「時間はたっぷりあるからよく考えなさい。思い出すはずです」

と言ったきり口を閉ざしてしまうのだからどうにもなりません。睡魔と闘っているのが精一杯でした。

それほどどうしようもなく眠いのに、房に戻って横になっても、どういうわけか頭が冴えてしまって、なかなか寝付くことができませんでした。

だから頭の中は、いつも固着状態とでもいうのか霞がかかっている感じで、何かを考える気力など全くなく、検事が口を閉ざしているあいだは私もまた口を閉ざし、うつむいたまま、事件とは何の関係もないことを取り留めもなく考えていたような気がします。

米田は、自分が作成した調書が山本検事からどう評価されているかが気掛かりで、私が検事調べに行く朝は必ず調べ室で待っていて、「昨日は何を訊かれた？　今日はどんな調べがありそうだ？」などとしつこく訊いたり、「いいか、今まで俺に話してきたこと以外の話はするなよ。分かっているると思うが、高橋が現場へ行った時間帯は午前一〇時三〇分から四〇分の間だぞ。忘れるな。バールで殴ったときはこうだ……」などと必ず確認作業をさせてから検事調べに送り出す、ということが続いていました。

だからその日の朝も、調室にいた米田に向かって、「こうも連日連夜、同じことをねちねち責められたのでは体が持たない。神経が参ってしまうから、今日も同じ調べが続くようなら嘘の供述をしてでもカバンの件は打ち切りにしてもらいたいと思う」そう言うと米田は、「だめだ。検事よりこっちが先だ。こっちに話す前に検事には絶対話すなよ」と念を押されたけれど、結局、最終的には虚偽の供述をするのですが、山本検事は全く信用せず、調書さえ取ろうとはしませんでした。当然でしょう。カバンなど見たこともない者が、相手を納得させられるだけの具体性と、説得力のある説明などできるわけがないのですから。

検事調べのときは、当該警察署員が警備のため二名で連行する規則があるそうで、私の場合も、いつも鶴見署員が二名同行しており、一名は室外の廊下で待機し、別の一名は私と一緒に取調室に入り、私のすぐ後ろに控えていました。被疑者が暴れたりした場合の用心のためでしょう。

ある日、山本検事は何を思ってか、警備の署員に席をはずすよう要求しましたが、署員は、「いえ、それはできません。何かあった場合自分の責任問題ですから」と一旦は拒否しましたが、検事がどこかに電話をして了解を取りつけ、署員は外へ出されました。

山本検事は私に向き直ると、「署員がいるとあなたも言いづらいことがあるだろうから外へ出てもらいました。これで少しは気楽に話ができるでしょう。お互いもうすこし腹を割って納得のいく話をしようじゃありませんか」と急に打ち解けたような態度に出られても、私としては、腹を割ろうが胸襟をひらこうが、知らないものは話しようがないのです。

検事の提言に返答はしなかったけれど、署員を退室させたうえでの調べが四、五日続いたでしょうか。取り調べの内容は「黒いカバン」「重要書類を入れた布袋」それと「共犯関係」の三件でした。

カバンの追及に行き詰まると、布袋と共犯に鉾先を向けて責めてくるといったことの繰り返しで、勾留期限が迫って来るにつれて山本検事には、どこかで突破口を開かなければという焦りが感じられました。

カバンの追及から一旦はなれて、共犯と重要書類を入れた布袋の調べになると山本検事は、「本当は二人を殺したのはあなたではないのじゃないか」と度々同じことを訊いてくるのでした。つまり共犯がいるだろうと疑っているのです。

山本検事はこう言います。

「共犯が一人、あるいは複数いて、その者が二人を殺害し、重要書類はその者が持ち去り、現金はあなたが貰うということで犯行時間等についても、共犯と事前に打ち合わせの上で犯行に及んだのではないか。そして万が一、共犯を含むあなたたちに捜査の鉾先が向けられた場合は、あなたがすべて責任を負うこと。そうしなければ家族の者に被害が及ぶという約束事があって、共犯から脅迫を受けているのではないか。あなた単独での犯行とは考えられないのですよ。これだけの事件を一二〇〇万円と引き換えにあなた一人が被るというのも割に合わないじゃないですか。犠牲が大き過ぎるとは思わないのですか」と。

私も「そうです。一二〇〇万円のためにこんなに大きな犠牲を払うなんて割に合わないことです。だから最初から私はやってないと言っているんです」

そう答えると、山本検事は薄笑いを浮かべながら、話の鉾先を変え、カバンと布袋の追及を始めたのでした。

次の日も、また次の日も、同じことの繰り返しにうんざりし、精神的に疲れ切っていたこともあって、検事調べからいいかげん解放されたいと思う一心から次のような供述をしました。

「私は実際にそのカバンを手に取って見たわけではありませんから、大きさや形などはよくわかりませんが、『黒いカバン』だということは度々聞いていますので、今思うと、私が梅田商事を出る時、現金の入ったビニール袋をそばにあった紙製の手提げ袋に入れて出たのですが、その中に入っていたような気がします。

その袋の中にはファイルが二、三入っていて、底の方に黒い物があるのを目に止めました。でも私が必要なのはお金だけでしたから、袋の中から現金が入っているビニール袋だけを取り出し、他の物には手を触れないまま、帰る途中のゴミ集積所に紙袋ごと捨ててしまいました。その時も黒い物が目に止まりましたが気にもしないでそのまま捨ててしまったのです。おそらくその黒い物がカバンだったのかもしれません。他にそれらしい物は見ておりませんので、間違いなく、あの黒い物がカバンだと思います」

山本検事はメモを取るでもなく聞いていましたが、私が話し終えると、

「カバンかもしれないと思いながら、確かめることもしないで捨ててしまうなんて常識では考えられませんね」

そう言って恫喝をこめた眼でしばらく私を睨みつけていましたが、こう切り出しました。

「あなたね、カバンの存在を知らない。重要書類を入れた布袋も見たことがない。共犯もいない。いつまでもそんなことを言ってると、あなたはこの事件そのものを否認するのと同じですよ。人殺しはやってないと言っても、それに対して、私があなたから取るべき担保が何もないじゃないですか。否認するのは勝手ですがね、法廷に出たときにそれだけあなた自身が不利になると思いますがねぇ。

よく考えてもみなさい。『生かすも殺すもわたしの胸三寸』。情状面のことはこちらの考えひとつでどうにでもなるのですよ」

山本検事の言いぐさは明らかに脅迫ですが、何と言われようと知らないことには答えようがないのだ。

先にも書きましたが、山本検事は、米田作成の調書は殆ど信用していませんでした。

米田調書は、私を真犯人らしく思わせるためには立派な文章に出来上っていたのかも知れないけれど、「秘密の暴露」に当たる記述がどこにもないことが、山本検事には不満だったのではないかと思います。

それ故、「黒いカバン」や「重要書類入り布袋」あるいは共犯の線で何か一つでも供述を引き出したくて、執拗に責めたのだと思います。「生かすも殺すもわたしの胸三寸」などと脅迫までして。

翌日、鶴見署の取調室に米田と署長らしき人が来て、「黒いカバンのことを検事に話したんだって？」と米田が訊くので、前日の検事とのやりとりをひと通り伝え、「でも全然信用してませんよ。調書も取らなかったし」といったのです。しかし米田は「でもまずいなそれは」と何かぶつぶついってましたが、「今日はとりあえず調べはないから、中(留置場)で休んでいてくれ」と言われ、やっと一日取り調べから解放され、一息入れることができた感じでした。

翌朝になると米田が、やけにでかい紙袋の中に数冊のファイルと、ボール紙で作った黒いカバンの模型を入れて私に見せ、「どうだ、こんな感じか？」と訊くので、「検事があんまりしつこいから思いつきを話したまでだから、どうだと訊かれても分かりませんよ」と答えると、米田はムッとしたようでした。それでも何も言わずに、袋全体と中の状態を何点かカメラに収めて調室から出ていきました。

私はその後、署員に連行されて検事調べに行きましたが、その日の山本検事は、米田作成の調書を黙読しながら、ときどき私に質問を向け、確認しながら何か喋り、それを検察事務官が書き取るという作業が昼食をはさんで午後六時過ぎまでかかりました。

つまり検事調書ですが、これが山本検事が採った初めての調書で、しかも内容は、米田調書を下敷きにして書いたものにすぎません。

黒いカバン、布袋、共犯関係。何一つ供述を得られず、そのためにのみ時間を費やし、気が付けば勾留期限が迫っていたために、米田調書を焼き直すほかなかったのだと思います。

米田調書では公判維持は難しいと考えていたのかもしれませんが、結局、独自の調書を採る時間の余裕がなかったのでしょう。

翌日は米田からも、検事からも呼び出しはなく、気の抜けたような一日を留置場ですごしました。

次の日も、いつもなら八時半頃までには武藤刑事が連行にやって来るのだが、今朝もまだ現れない。留置場の時計を見ると九時を回っている。今日も調べはなさそうだなと思っているところに管理課の係官がやって来て、「起訴になったから……」そう言って起訴状を渡してよこした。

見ると〈昭和六三年七月二二日〉付になっている。今日が何日で何曜日なのかの感覚がなくなっていたので、今日が幾日なのかと聞くと、二三日で、接禁（接見禁止）が解けたから、いつでも面会できると言う。早速妻に連絡を取ってもらい、翌二四日にやっと妻と面会を果たすことができました。

私のすぐ横に立会の係官がいるので、事件に関わる話はできなかったけれど、「俺は人ごろしなど絶対にしてないが……」とだけ伝えた。妻は、「どうしてそんな……」と絶句し、表情がゆがみ、こみあげてくるものを必死にこらえている妻の心のうちが哀れで、切なくて、次の言葉をかけることができませんでした。

時間の制限もあって詳細を語ることはできなかったけれど、それでも生活のことや、従業員らのことをかいつまんで聞くうちに、私が逮捕された当日、妻らも連行され別室で取り調べを受けていたというのは全くの嘘で、虚偽自白に追い込むための陥穽だったのだ！

妻の生活の面倒は弟が見てくれることになったとか、従業員らは星電工業で全員引き受けてくれることになった、などとありもしないことを、さも米田らが奔走して話をまとめたようなことを言っていた全てが嘘っ八で、そんな事実はどこにもなかったのです。

なんて奴らだ！　留置場の房内で、眠れぬままに思いめぐらしていたとおりの事だったのです。

私が供述を拒むと米田は、それら嘘で丸めた団子をエサに揺さ振りをかけ、人の弱味に付け込んで脅しつづけ、調書を捏造するために、空々しくも恩着せがましいセリフを並べていたのだ！　騙されていたのだ！　嵌められたのだ！　とはっきり分かった時、満腔の怒りで五体が震えるのを覚えました。

とにかく警察という組織ほど恐ろしい集団は外にありません。

「暴力団や暴走族は、集団の力に頼り自己を過分な人間に妄想している。だが一人ひとりは人間の屑だ」と言った人がいましたが、それは警察でも同じです。権力という後ろ楯があるだけに、むしろ警察の方がやることは悪辣です。

「暴力団の中にも立派な奴っているものですよ。警察の中に悪い奴がいるぐらい。」

と永六輔氏が、いつだったか『週刊金曜日』で書いていましたが、まったくそのとおりだと思います。

警察くらい理不尽な組織はありません。寄ってたかって弱い人間を組織の力で竦み上がらせ、強引に自白を引き出そうとやっきになります。

政治家と権力には塩をかけられたナメクジと一緒のくせに、弱い者とみれば嵩にかかって責めつける。所詮は女か無抵抗の者を痛めつけるのが関の山の集団なのです。

冤罪であれ何であれ、犯人を挙げたとなれば捜査員個々の点数のみならず、県警という組織全体としての点数となり、上級庁の評価も上がるから、捜査員らがどんなに違法行為を繰り返しても、組織全体で隠ぺいするのは言うまでもなく、裁判所までが助長するのだから、彼らの無軌道ぶりが露見するのは万に一つ、彼らの法廷証言に齟齬が生じた場合くらいでしょう。

法廷には裁判官がいても、彼らには事柄の真実を見きわめようとする意欲も気概もないから、検察の言いなりです。

裁判官は、何のためにあの黒い衣を身にまとっているのだろうか。どんな色にも染まらないという、裁判官としての信条を象徴していると聞いたことがあるけれど、私は、あの黒衣の下には保身と出世欲の鬼が潜んでいて、それを見られたくないために纏っているように思えてならない。

清廉という偽りの黒衣。眼を凝らせば、その一枚下には権力者の肖像が透けて視えてくるような気がします。

捜査官らの虚偽で塗り固められた自白調書でも、このような裁判官の下では、全てが真実として取り上げられてしまいます。捜査機関がこしらえた証拠を裁判所が補強し、検察側のストーリーに合わない不都合な証拠は採用しないのです。

法廷に出されたものが証拠になるから、捜査官は調書の捏造に血道を上げることになります。

そして、警察と検察、裁判所を加えた三位一体の連係プレーが冤罪を生む典型的パターンとして、日々の法廷で繰り広げられていても、これを監視し告発する機関がないからやりたい放題なのです。

罪なき罪への裁きの不条理はこの国の現実なのです。

この国の裁判所を支配しているのは、自己保身のかたまりのような人間ばかりです。そんな彼らが、仲間の恥をさらしてまで真実の追求をするだろうか。堕落した彼らに法や正義が守れるわけがないのです。

なかには優れた、そして勇気ある裁判官はいるのだと信じたい。でもそれは、ほんのひとにぎりの人たちではないだろうか。

優れた裁判官とは、国や裁判所という機構にとってのすぐれた裁判官ではなく、自分自身が信じる法や正義に対して忠実な裁判官ということではないかと、私は思うのです。

人を裁く立場にある以上は、裁判官である以前に、人から尊敬される人間であってほしいと思うのです。

そのためには、タテ構造の中で、いつか機械のように頭を使わない存在になっては絶対にいけないのです。

妻には、「大丈夫だ。裁判が始まればきちんと調べてもらえる。調べさえすれば、俺が人ごろしなどしていないことが必ず証明される。だから余り心配するな」と言って聞かせ、横にいる係官に、領置金から妻に一〇万円渡してもらいたいと頼み、妻には、弁護士を頼みたいので姉に連絡してくれるよう言付けて別れた。

米田らに嵌められて、私の腹わたは煮えくり返っていたので、今日でも明日でも、米田の呼び出しがあったら思いっきり言いのめしてやる！ そんな思いで、てぐすねひいていたのだが肩すかしを食ってしまった。

留置場の担当に訊いてみると、「あの人たちは起訴になれば用事はないから、本部へ戻ったんじゃないかな。もうこっちには来ないと思うよ」と聞かされ一層腹立たしく地団駄を踏む思いだった。米田らにしてみれば「一丁上がり」ということなのだろう。

怒りをぶつける相手に逃げられ、腹立たしさはこの上なく、終日いらいらして過ごしたが、床についてからも怒りは治まらず、いつまでも寝付かれなかった。

翌朝、起床の号令が聞こえず眠りこけていて、担当に呼ばれてとび起きた。失態である。昨夜はいらいらが治まらず、眠りに落ちたのは明け方近くだったような気がする。

あれほど睡眠不足でふらふら状態が続いていたときでさえ、号令前に目覚めていたのに、失態をしたせいで、治まりかけていたいらいらがまた募って来たけれど、電話をかけて米田を呼び出すことなどできるわけもなく、畜生！　どうしてくれよう！　腹立たしさが高まるばかりで、空しい一日を過ごした。

昼食後、壁にもたれてうとうとしていると担当が来て、「明日、検事調べがあるそうだ。朝から行くからそのつもりで」と言われた。

米田らの暴力と陥穽に嵌まって、虚偽自白であるにせよ、犯罪事実を一応（仮に）認めているのだから、今更カバンの一つや二つ隠し立てする必要がどこにあるというのだろうか。何のメリットもありはしないのに、本当にわからずやでしつこい検事だと思う。

先に紹介した大河内弁護士の著書『鶴見事件の真相――無実でも死刑、真犯人はどこに』の中で、山本検事を「蛭田検事」と仮名で書いていますが、食いついたらはなれない「蛭」とはピッタリの命名だと思いました。

翌日（七月二六日）、検察庁には午前九時前に着き、検事室に呼ばれたのは一〇時半を回った頃でした。

検事室に入ると、いつものように刑事を外へ出すと山本検事は「昨日奥さんから電話があって、『何か話したいことがあるようなので聞いてやってほしい』と言われたので来てもらったんですよ」と言われた。

私は、どうせ今日もカバンや布袋の追及だろうと思っていたので、そのときは「もういいかげんにしてもらいたい。何百回訊かれても、知らないものは話しようがない」等々、言うべきことはしっかり決めていたので、妻からの電話の件で……、と聞かされて、なんだか突っかい棒を外された

ような気分になっていると、

「それで、どんな話があるんですか」と話を促すので、

「私は別に話したいことがあるなどとはいってませんよ。ただ家内には『絶対に人ごろしなどやっていない。裁判ではっきりさせる』と言っただけです。家内は、私が犯行を自白したと信じ込まされ、私が真犯人という前提のもとで検事さんの調べを受け、家内に付きっきりの刑事からも調書を取られていましたから、面会で初めて、私の話を聞いて驚いたのですよ。それで検事さんに私から話を聞いてもらいたいと思ったのでしょう」

そう話をすると検事は、なんだそんな話か、というような表情をつくり、何か調書のようなものをパラパラ繰りながら、「その話ならもう何度も聞いてるじゃないですか」と書類に目をおとしながら面倒くさそうに言い、そういう話なら聞くつもりはないという態度でした。

山本検事は、多分、私が何か重要な話をするのではないかと期待していたのだと思う。

私としても、今更あらためて聞いてもらおうとは思わなかったけれど、このまま戻るのもしゃくなので、

「何度も聞いたとおっしゃるけれど、今までは、私が人ごろしなど絶対にやっていないと何度言っても、それに対して検事さんの方で取るべき担保がないとか、私が梅田商事の事務所へ行かなかったという証明があるならともかく、そうではないのだから、そういう話を受けるわけにはいかないなどと言って、まともには聞いてもらえませんでした。

カバンや布袋などの件もそうです。何度繰り返したか知れません。ですから私は半ばふてくされ、

これ以上何を話しても無駄だと思って、その後は何も話していませんけれど、なぜ虚偽自白をしなければならなかったのか、それまでの経緯については、検事さんに聞いてもらったことは一度もないと思いますよ」

そう言うと山本検事は、「虚偽自白ですか」と皮肉そうな薄笑いを浮かべながら、

「ま、せっかく来たんですから、聞くだけ聞きましょうよ」と言う。

「聞くだけ聞く」とはどういう意味だ。ムッとしたけれど、今日をのがしたら話す機会は二度とないかも知れないと思い直し、一九八八（昭和六三）年七月一日の朝、いきなり連行されたときのことから、虚偽自白に至るまでの経緯について順序立てて話しました。

検事に話した概要を記します。

「七月一日の朝七時頃、車を出すために駐車場へ行くと、すぐ近くに止まっていた二台の乗用車から六～七人の男がとび出してきて私を取り囲み、両腕を掴まれ強引に車に押し込めようとした。物も言わず、いきなりの行動に恐怖を覚え、必死に抵抗しながら、あんたらは何者なんだ！と言うと初めて、警察の者だ、と名乗ったが警察手帳の提示もなかった。しかも力ずくで車内に引きずり込まれてしまったが、逮捕状も無しに拉致同然のやり方は違法ではないのか。法律はこんなことを認めているのですか」

「警察へ行くなら家族に一言伝えていきたい。作業着なので着替えもしていきたいという願いも無視され、車内では後部座席で刑事に挟まれ、一人の刑事がいきなり私のズボンのポケットに手を突っ込み、財布と車の運転免許証、タバコ、ライター、腕時計など所持品の全てを取り上げられた。

横暴さに、こいつら本当に刑事なのかと疑ったほどの無法ぶりだった。それが横平刑事ですよ」

「警察手帳の提示も、逮捕状もなく、あたまから犯人扱いで、逮捕同然の、この無法で横暴きわまりない捜査でも許されるのですか。違法ではないのですか。任意同行と言えるのですか、検事さん？」

山本検事は私を睨んで無言。

「あたまから人を竦み上がらせておいて、警察では強引にポリグラフにかけ、取調室ではいきなり大声での暴言、罵倒、机や椅子を蹴り、私の脇腹や脛を蹴り、髪を掴んで振り回したり、体重をかけて覆いかぶさり机に押さえつけるなど暴力の限りを尽くして自白を強要する。それでも自白しなければ、家族の者をしょっぴいて来るといって脅す。トイレに行かせてほしいと何度頼んでも、吐いてから行けとせせら笑う。しまいには、妻を連行して別室で共犯として取り調べているといって心を動揺させ、あげくの果てに『自白の決心がつかないなら、女房と留置場に泊って二人でよく考えろ』と人の弱みに付け込んだ脅しに屈し、虚偽自白を余儀なくされた」

「被疑者に対し、このような脅迫や恫喝のみならず身体的、精神的な圧迫と苦痛を与えて虚偽自白を強制するような捜査が、法律や憲法で認められているのですか」

「七月一日当日、家内が連行され、共犯として取り調べを受けていた事実などなかったことを、家内との面会で知り体が震えるほどの怒りを覚えた。このように、暴力と偽計によって引き出した自白でも、検事さんは信用するのですか。当日の取り調べ状況は全て、米田刑事らがテープレコーダーを使って録音していたので聴いてみてください」

検事は冷ややかな目で
「あなたの話を聞いただけで判断するわけにはいきません。話はそれだけですか。一応聞き置くだけは聞きましたから、今日は引き取ってください」

検事はそう言うと事務官に小声で何かを指示。廊下で待機している刑事が呼ばれ、追い払われるような感じで検事の部屋を出た。

一二時四〇分を回っていた。鶴見署へ戻る途中、私の横にいる刑事がコンビニの前で車を止めさせ、幕の内弁当と、缶コーヒーと、二個分ぐらいありそうな大きな大福を一個買ってきてくれた。「弁当は中（留置場）でお茶をもらってゆっくり食べればいいから、コーヒーと大福は車の中で食べちゃいな」そういって片方だけ手錠をはずしてくれた。やさしさに触れて涙が出そうになった。署に戻り、お茶をもらって、弁当を味わいながらいただいた。

食べ終えると担当が来て、「一〇時の分だ」といってタバコを一本くれてライターで火を付けてくれながら、「トイレで吸って吸い殻は流しちゃってな」といって席へ戻っていった。

鶴見署の留置場では運動と称して、午前一〇時と午後三時頃の一日二回、収容者を数人ずつベランダに出してタバコを吸わせてくれるのです。時間外に吸わせてくれたのは、検事調べではタバコは吸えなかっただろうと察した担当の思いやりだと感じました。

三時過ぎ頃、ベランダでタバコを吸わせてもらっていると、起訴状を持ってきたときの係官が来て、「タバコを吸ってからでいいからちょっと来てくれないか」と言うので、すぐあとについていくと、担当の机の所で書類を見せながら、明日午前中に拘置所へ移監になるので、私物をまとめておくように」と言われた。

私物といっても、わずかな着替えの下着だけなので、まとめるという程の物もないのだが、それより拘置所がどういう所なのかわかないのが不安だった。

そんな私の思いを察したらしく係官は、

「向こうは警察の留置場と違っていろいろ規律があるから、慣れるまでは大変かもしれないけど、迷惑をかけずに静かに生活していればいいのだから、余り心配することはないよ。タバコは吸えなくなるけど、そのかわりコーヒーやジュース、菓子類や缶詰などもいろいろ買えるし、慣れれば留置場にいるより退屈しないよ」

そう聞かされていくらか安心。何しろ起訴されるまでは本はマンガ本すら一切読ませてもらなかったから本が自由に読めるのはありがたいと思った。

係官には、明日（二七日）、横浜拘置支所へ移監になるので、二八日に面会に来るよう妻への連絡を頼んだ。

拘置所への移監

さて、七月二七日の朝食が済むと間もなく、移監になる者は順に房から出されて手錠を掛けられ、さらに長いロープで腰縄を打たれ、全員が数珠つなぎに繋がれます。八人でした。ぞろぞろと子供の電車ごっこのように押送バスに乗り、途中、神奈川警察に寄って五、六人の男女を乗せて、一路横浜拘置支所へ。

拘置所までの道すがらバスの窓から見る街の風景は、ことに出身校（小、中、高）の校舎が望める吉野町、宮元町、通り町、弘明寺、上大岡までの見馴れた街並みを眺めていると、なつかしさに胸が熱くなるのを覚えました。

拘置所前に到着。この表門の前に一〇棟ほど建ち並ぶ四階建の公舎（拘置所職員の家族住宅）は数年前、そのうち半数の電気工事を自分が施工したことを思うと今、手錠を掛けられた自分がここにいることが夢であってくれたならと、つくづく思ったのでした。

表門が開き、バスごと構内の駐車場へ。数珠繋ぎのままバスから降りて収容棟に入ると、中は管区内警察から押送されて来た者でごったがえしていました。

腰縄を解かれ、手錠はそのままで待っていると、各警察署ごとに呼ばれ、鉄扉の向こうに消えて行くのと入れ替わりに手続きの済んだ者が出て来る。

ややしばらく待たされるうちに鶴見署が呼ばれ、中に入ったところで手錠をはずされ、員数等のチェックを済ませると署員の役目は終わるらしい。職員の一人が私の耳元で、「それじゃ頑張ってな」と囁いて出ていった。そのひとことに、なぜか涙がこみあげてきて困った。

室内は三〇畳敷ぐらいありそうな広さで、入ってすぐ左側に一段高くなったカウンターがあって、その向こうに三人の職員が並んで椅子に掛けていて、中央のエンマみたいな面構えの職員が、これから収容される一人ひとりの生年月日や家族構成などを確認した後、警察から持参した所持品の検査がありましたが、石けんを包丁で真ん中から二つに切ったのには驚きました。石けんの中に何かかくしていないかと疑っての検査らしいのです。

私物の検査が終わると次は所持金の照合があり、ここで一〇万円不足していることが判明。拉致された時は四三万数千円持っていて、鶴見署で妻と面会した折に一〇万渡しているので、三三万数千円なければならないのに、二三万六千円しかなかったのです。でも拘置所の職員には関係のないことなので黙っていました。

最後は身体検査です。

腰の辺りから上がガラス張りの二畳位の狭い部屋に二名ずつ入れられ、そこで着ている物を全部脱ぐように言われてパンツ一枚になると、パンツも脱げと言う。エ～ッと思ったが拒否するわけにはいかないので、素っ裸になる。そうさせておいて検査官は、まず頭髪を両手でガサガサと掻き回し、次にバンザイをさせて脇の下をのぞいたりする。

それが済むと正面を向かせ、しげしげとながめた後、軍手をした手で巾着袋をちょっと上げてみてから、今度はうしろ向きに股を開かせ、腰を折って検査官の方へ尻を突き出す格好をさせる。素裸で、自分が今させられている姿を想って、なさけない……と思ったその瞬間、肛門に何か冷たい物が侵入。ヒッ！としたのも一瞬で、ハイ終わり。服を着ていいよ。と言われ急いで服を着ながら肛門に入れられた物は何か？と素早く見回したところ、検査官の脇の机の上に何か液体の入った大きめのコップがあり、その中に数本立てられているガラスの管だとわかった。

男はここまでだが、女性は体の中まで調べられるという。検身というが、いやがらせ以外のなにものでもない。徹底的に自尊心を踏みにじられる。

兎にも角にも、ひと通りの手続きが済んで、あてがわれた部室は北棟五階（通称五北）の七九房でした。広さは畳二枚と一畳分の板の間があり、その板間に小さな流しと便器が付いていました。留置場の房に較べて余りに狭く汚くて、なさけなさに溜息と一緒に涙が出てきました。

　それでも、これであのしつこい山本検事から逃れることができてやれやれ……と思ったのも束の間、この日の夕食間近になって山本検事が事務官を伴ってやって来たのです。そしてまた「黒いカバン」の追及が始まったのです。何という執念か。

　それがいつも夕食間近に来るから、部屋に戻った時にはすっかり冷たくなっています。拘置所の食事などお世辞にも旨いとは言えないのに、冷え固まってしまった物など食べられたものではありません。

　そのせいもあって、山本検事への腹立たしさは一層つのりました。

　幸い二八日から妻が面会に来るようになり、パンやバナナなどを差し入れてもらっていたので、夕食はそれら差し入れの食料ですませていました。

　山本検事の調べは、相変わらずカバンと布袋一本槍の追及でした。警察の取調室で深夜一二時過ぎまでも執拗に責めていたときと同じで、私が喋らなければ、検事はただじっと対峙したまま一言も発しようとしない神経戦です。警察の取調室でのときと全く同じで、この検事は偏執狂ではないのかと思ったほどです。

　このだんまり戦術が私はいちばん苦手で、その場の重苦しい雰囲気に精神が圧しつぶされそうになるのですが、拘置所ではさすがに深夜まで調べを続けるわけにはいかず、せいぜい七時頃までなので、警察での調べのときに比べたら、検事は喋る方だったと思います。でも言ってることは同じ

で、

「お金は取ってきたけどカバンも布袋も知らない、見たこともないでは通りませんよ。常識では考えられませんよ」

この検事は、何かというと「常識では考えられない」と言うけれど、すべての事が常識の枠内で解決するとでも思っているのだろうか。「事実は小説より奇なり」というたとえもあるではないか。検事は自分の常識の枠の中に全て収めようとしている。

この広い世の中には、常識の及ばない事柄や矛盾がいくらでもあるのだ。万事が常識の範囲内で片付くなら、警察も裁判所もいらない。

米田や横平のような無法者の刑事がいて、自己のちっぽけな常識の中で万事を片付けようとする山本検事がいて、それらを助長する裁判官がいるから、冤罪が後を絶たないのだ。

検事の言ってることを聞きながら、また常識か……と思いながらも、つい言い返してしまう。

「何度同じことを言われても、わからないものは答えようがないじゃないですか。何度言ったら分かってもらえるんですか。検事さんの常識では私が嘘をついている、隠していると疑っているのでしょうけど、本当に知らないのですよ。

私が事件当日、『梅田商事へ行った事実はないと証明できるならともかく、それができないなら信じるわけにはいかない』と言われますが、度々申し上げているとおり、現場へ行ったことも、お金を取ってきてしまったことも最初から認めているのですから、今更カバン一つ隠してみたところでどうなるというのですか。何百回訊かれても、私の答えは一つしかありません」

それでも検事は続けます。

「何度も言いますがね、そうやって否認を続けていると、裁判で不利益をこうむるのはあなたの方ですよ。刑の軽重も情状一つで決まるのですよ。情状面のことはこちらの考えひとつでどうにでもなることです。よく考えてみることですね」

前にも書きましたが、検事の物言いは穏やかでも、言ってることは脅迫です。「生かすも殺すもわたしの胸三寸」とまで言い放っているのですから。

何度も聞かされているきまり文句にうんざりして、言い返すのも面倒になって黙っていると、山本検事は

「いくらあなたが知らない、見たこともないといっても、Wさん（融手の同業者）やSさん（保証人）、Tさん（同）も、また被害者の家族も、みんながあなたを指さしているのですよ。その人たちのためにも本当のことを言うべきです」

と言うのです。これには私も頭に来て

「指さしているとはどういう意味ですか。私が黒いカバンと布袋を持ち出して、何処かに隠すか処分するかしたと皆が言っているのですか。それを見ていたとでも言っているのですか。私がもっともらしく嘘の供述をすれば検事さんが満足し、あの方たちが救われるのですか。どんな嘘をつけば検事さんの気に入ってもらえるのですか。

生かすも殺すも胸三寸だとか、検事さんの言ってることは脅しじゃないですか！」

横暴な横平らとは対照的に、山本検事はネチネチしているけれど物言いは穏やかなので、私とし

ても随分我慢してきたつもりだけれど、それも限界で喰ってかかりました。

山本検事は、冷たい目で私を睨みつけていましたが急に話を変えて、「あなたが自白を翻す理由はどこにあるのか」と訊くのでした。「この前話しましたでしょう」と言うと、「聞いていませんね」と言う。

「そんな筈はありませんよ。家内が検事さんに電話を入れた件で、移監前日の七月二六日に検事さんから呼び出しがありましたよね。その日に一時間以上かけて説明した筈ですよ。今また同じ話を繰り返すつもりはありませんが、自白を翻す理由は簡単です。私は強盗殺人などやっていないからです。

二六日にお話したとおり、自白調書は全て、米田刑事の作文です。横平と米田。彼らの暴力と偽計によってでっちあげたものです。どれだけ酷い取り調べを受けたかは二六日に話しましたでしょう。検事さんはあのとき、私の話を聞いただけで判断するわけにはいかないとおっしゃいましたが、米田刑事らから話を聞いてくれたのですか？　もっとも彼らは否定するでしょうけどね。それでも一応は確かめてください。テープにも録ってある筈ですから」

そういうと検事は憎らしそうに私を睨みながら「あなたからそういう指図を受ける必要はありません。捜査員から事情を訊くかどうかはこちらの判断です。それよりも、あなたが自白を翻す原因はもっとほかにあるんじゃないですか」と疑わしげな目で私を見るので、「それはどういう意味ですか。ほかに原因など何もありませんよ」と言い返すと検事は、手許の書類（多分、米田調書）に目をおとしたまま、「そうですかねえ」と皮肉っぽい口調で言われ、私は少しムッとして、「何をおっしゃりたいのですか。はっきりおっしゃってください」、そう言って迫っても、検事は書類のようなものに目をおとしたまま「さあねぇ」と気のないような言葉を返して、書類から目をはなそうとしません。

また神経戦が始まったか。それならこっちも何か楽しいことでも想いながら、検事の方で何か言い出すまで相手にしないでいよう。そう思いながらも、こういうだんまりの重苦しい状況に長く堪えられない私は、結局、自分から口をひらいてしまうのです。

「検事さんのおっしゃりたいことは分かっていますよ」

そう言うと検事は「ほう」とようやく書類から目を上げて、

「わたしの言いたいことの何が分かっているというのですか。聞かせてもらいましょうか」

と話の先を促され、少し考えたけれど、どうせ検事の考えていることは米田と変わらないのだからと思い、

「私が度々自白を翻すのは、事件の重大さに恐ろしくなり、刑罰から逃れたい、助かりたいと思う一心からではないのか。とおっしゃりたいのではないですか?」

と言ってやりました。恐らく、先刻から検事が見ていた書類は米田調書だろうと思ったからです。

「違いますか」と検事が切り返します。

「違いますね。恐らく米田刑事からそういう内容の調書が検事さんの手許に届いているのでしょうが、米田刑事がそのようなものを書いたとき、私は一言も、何も喋っていません。あれは米田刑事が勝手に書いた単なる作文ですよ。

私が自白を翻すことについて『本当は刑罰から逃れたいからじゃないのか』などと米田刑事が言うから、人ごろしだけは絶対にやってないと何度言っても取り合ってもくれずに、暴力と脅しで殺人の罪まで私に着せたのはあなたたちじゃないですか。刑罰を受けるのが恐ろしくなったからだろうとか、助かりたいと思っているからだろうなどと、よくそんなことが言えますね。そう言ってやったのですよ」

山本検事は無言で私を睨んだままです。

私は更に続けて

「米田刑事が私の話を聞いていたかどうか分かりませんが、私が話していることには何も返さずに、調書用紙に何かを書き始めましたが、書き終わるまで私はむろん、米田刑事も、一言も喋っていません。

書き上がると一応読み聞かせ、署名と指印を求められました。

調書は『これまで調べを受けてくるうちに、刑罰のことを考えると急に恐ろしくなり、度々自白を翻し、お手間をとらせて申し訳ありませんでした』という内容だったと思います。

米田刑事に聞いてもらえば分かることですが、調書を書いている間、たがいに無言のままでした。私の口から言わせようとしても、それは不可能と分かっているから、彼が勝手に書いた作文にすぎません。当然でしょう。米田刑事にとって都合のよい考えなど私の意識のなかにあるわけがないのですから。

この度の調書に限らず、検事さんのような専門家が読めば分かると思いますが、今までの調書の全てが米田刑事の創作です。私自身が吐露したものではありません。

これまでは、米田刑事が私の家族の面倒を見てくれているという親切心にほだされ、それが実は口先だけのおためごかしとは見抜けず単純に感動し、この刑事の為になるように協力しようと思うようになり、取り調べ中の多くの場面で迎合的であったことは否めませんが、これ以上自分の首を絞めるようなことはもうやめようと考え、初めは署名を拒否したのです。

しかし米田刑事が、

『この調書で裁判が決まるわけではないよ。これ以前の調書で事件そのものは認めているのだから、この調書が特に高橋の不利になるわけじゃないことぐらい高橋にだって分かるだろう。一つのけじめとして書くのだから、そんなに気にすることないじゃないか。ここで締め括らなければまた調べが続くことになる。長くなるばかりで、かあちゃんにだっていつまでも会えないし、弁護士を頼むことだってできないんだぞ』

そう言われてすぐに署名したわけではありませんけれど、いろいろ考えた末に応じたのです。

考えてみれば、これまで何度か自白を翻したけれど調書化したことは一度もないのですから、自白を度々翻していることなど裁判所は知らないわけです。だったらこのような調書は意味がないのではないか？　米田刑事の自己満足にすぎないのではないだろうか、と思ったことが一つあります。

それと、この調書が裁判所へ提出されるなら、裁判所では、否認を繰り返している調書も提出しなさい、ということになりはしないだろうか。もしそうなれば、米田刑事は否認調書を取らざるをえなくなる。それならかえって裁判所に本当のことがわかってもらえるかもしれない、という思いもあって応じたのです」

そこまで話すと山本検事は、いきなり事務官に調書を書かせ始めました。早く終わってくれないかとじりじりする思いで聞いていると、それは自白を翻すことについての調書で、米田が書いたものとほとんど変わらない内容でした。

米田と同じで私をまったく無視して、検事が一方的に喋ることを事務官が書き取っているだけです。

米田が私を無視して勝手に書いたことを話したものだから、今回のことといい、拘留期限ぎりぎりになって米田調書を下敷きに書いた調書といい、何から何まで米田の物真似ザルです。したがって一方的に書いたこの二通の調書はただの文章であって、供述調書とは言えないと思います。

まもなく書き終えて、読み聞かせ始めましたが「聞いていて内容は概ね分かっていますので、読んでくれなくて結構です」と断りました。とにかく早く帰ってもらいたかったのです。

ところが検事は、またも「黒いカバン」と「重要書類入り」の布袋について追及を始めたのです。私はうんざりしてしまい、「もういいかげんにしてくれませんか！」という言葉が口をついて出そうになりましたが、そこはぐっと堪えて、

「検事さん、度々申し上げている通り、何百回、何千回訊かれても、知らないことは答えようがないじゃないですか。無理は言わないでください」

私がそう言うと検事は、

「そんなはずはありません。あなたは嘘をついています」

と断定的に言われてムカッとなり、

「何を証拠に嘘だと言えるのですか。そこまで言い切れるなら証拠を出せばいいじゃないですか」

と言い返すと
「状況証拠からです。状況から判断して、あなたの言っていることが信じられないからです。嘘を言ってるとしか思えません」

徹底して相手を疑ってかかるのが検事の職業だとしても、「ここまで疑い深くなると病気ですね」と言ってやりたい気持ちを抑えて、

「それならさっきの調書のように、検事さんが勝手に、思い通りの供述調書を作ったらどうですか。それで済むことでしょう」

そう言ってやると検事は、「ふん」とでもいうように鼻の先で笑ったきり物を言わなくなってしまいました。

また始まった。この沈黙をいつまで続けるつもりなのだろう。山本検事は変質的な一面があるように思う。

こういうときの事務官は実に所在なげで、ちょっと気の毒に思ってしまう。

検事がそのつもりなら、こっちもだんまりで対抗すればいいのだろうけれど私にはそれができない。重苦しい空気に耐えられないのです。

ここは警察の取調室ではないのだから、検事もそういつまでも粘るわけにはいかないのではない

かと思い、かなり我慢したのですが結局根負けしてしまい、

「先ほどの調書に署名が要るんでしょう。こっちにください。書きますから」と言ってやると、検事はそれでも一応、「いいんですか」と聞きましたが、署名するまでは執拗に粘るのは分かっていたので、

「いいですよ。米田刑事が書いたものと内容はほとんど変わりませんし、向こうでも署名したんですから一度も二度も同じことです。それに、どちらの調書も私が供述したわけではありません。二通とも単なる作文ですから」

と言ってやりました。山本検事は実に嫌な顔をして私を睨んでいましたが、でもそれが潮時になって、署名した調書を鞄に入れるとやっと腰を上げ、

「カバンの件は諦めたわけではありませんよ。また来るので思い出しておいてください」と捨てぜりふを置いて帰って行きましたが、結局、この日が取り調べの最終になったのでした。四日間連続でした。

先にも書きましたが、山本検事は米田が作成した調書を全くと言っていい程信用していませんでした。法廷でも、弁護人の質問に答えて、「信用できなかった」とはっきり証言しています。それ故、山本検事は、初めに弁護人に開示した調書は検察官調書のみで、警察官調書は提出しませんでした。また公判でも、検察官調書のみを証拠申請し、警察官調書は申請しませんでした。後に弁護人から強く要求されて、渋々証拠開示に応じ、証拠申請されたが、山本検事としては、警察官調書では公判維持が難しいと考え、検察官調書のみで済ませたいと考えていたのだと思います。

それほど信用できない米田調書故に、山本検事は何としても「秘密の暴露」が欲しくて、執拗に喰い下がっていたのです。

法廷で山本検事は「秘密の暴露はなかった」とも証言していますが、ただ、梅田商事の社長は膀胱が悪く、トイレが近いということを被告人が知っていたことが「秘密の暴露に当る」と証言したのです。

これには吃驚！　寝耳に水とはこの事か。とんでもない言い掛かりだ。

一介の金融の客になってわずか一か月半。その間、事務所に出入りしたのは三度だけです。それだけ日も浅く、気ごころも知れない客に、自分の体の欠陥（しかも下半身）のことについて話したりするだろうか。私が知りもしないことを、検事は何を根拠にそんな証言ができたのだろうか。

このような苦しまぎれのこじつけ証言でも、木の幹だけを見て、枝葉を見ようとしない裁判官の前では、すべてが真実として通ってしまうのです。

検事の証言は全くの出まかせですが、横平、米田両刑事の証言もいいかげんでした。

あのような場合、被告人がその場で反論することができたらいいのにと、何度思ったかしれません。たとえその場で賛同できなくても、申請さえしておけば、きめられた日に被告人が証人に対して質問することが許される、という法律があったなら、米田や横平、さらには検事に対しても、一矢報いることができたかもしれないと、度々思いました。でもずっと後になって、それが可能であることを知ったのですが、その時点では既に、裁判はすべて終わった後だったのです。

被告人が証人に対して質問することなど不可能なことと思い込まずに、早く弁護人に相談すべきだったと悔みましたが、公判がすべて終わった後ではどうにもなりません。

無実の証明――弁護団のたたかい

ところで、事件から二十一年余りが経過した今になっても、私にはどうしても腑に落ちないことがあるのです。

それは、朴さんご夫婦が死んでいたときの体の状態についてなのですが、私が梅田商事の事務所に行き死体を発見した時の状況について、「事務所と奥六畳間との境にあるカーテンの裾を少し持ち上げて見た時、いきなり人の足の裏が眼にとびこんできたのでびっくりした」と前述しました。

「現場見取図」を見て下さい。この見取図は警察が作成したものでしょうから、男女の体の位置関係も、恐らく現場写真をもとに作成されたと思われます。

しかし見取図どおりだとすると、カーテンの裾を持ち上げたときに被害者（朴さん）の足の裏が見えませ

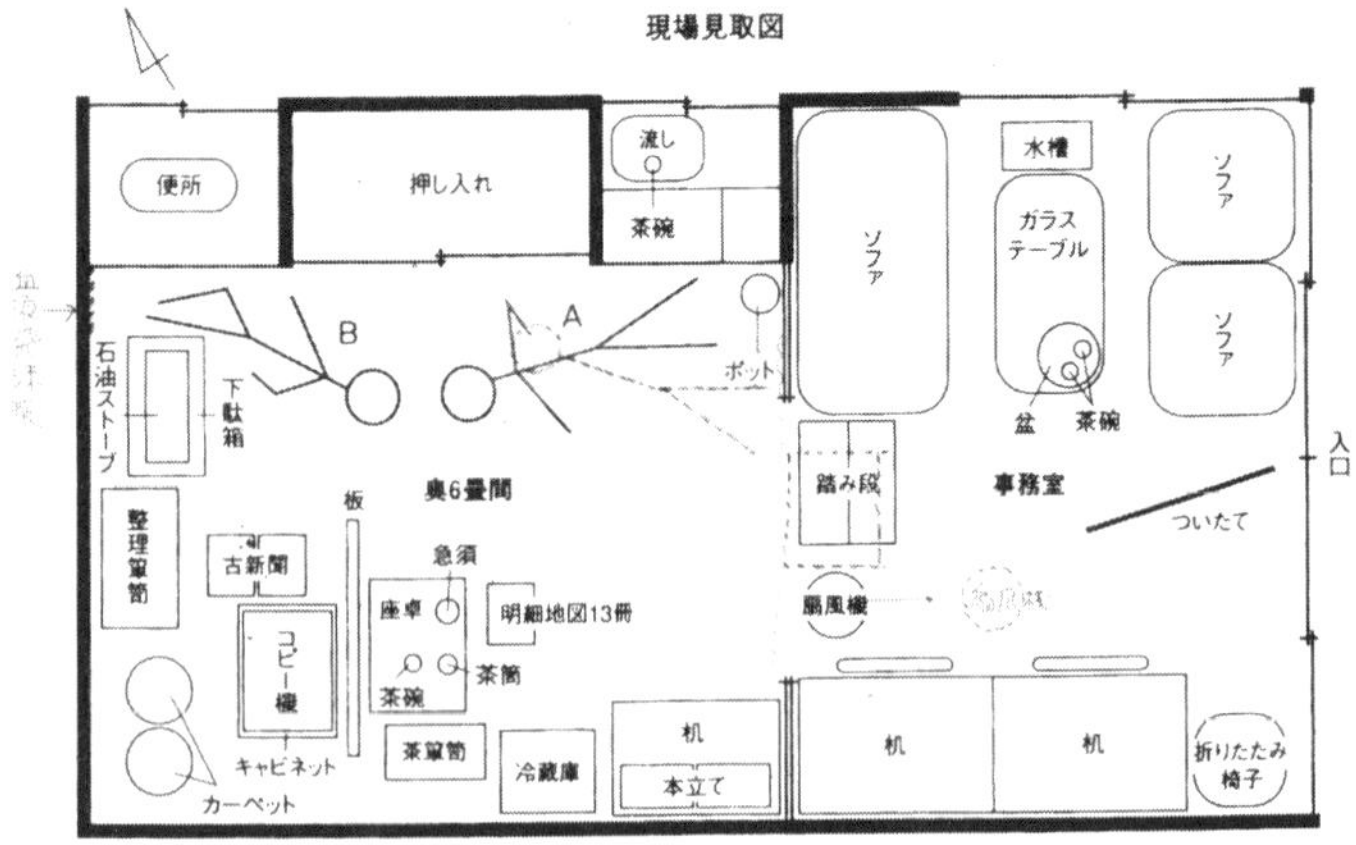

『季刊刑事弁護』2003年夏号より

ん。私がカーテンの裾を上げた時、その足裏は目と鼻の先にあったのですから。

朴さんの体の位置、踏み段の位置、扇風機の位置も、点線で示したのが私の記憶に残っている位置ですが、殊に朴さんの体の位置だけは、この目に焼き付いています。

腑に落ちないことは外にもあります。

私が見たときの二人は、仰向けに大の字の状態でした。近寄って体を揺すったり、頬をたたいたりすることを続けたけれど、完全に息が絶えていたことは前述したとおりですが、第一発見者とされる栗山良一（タクシー・ドライバーで、以前は朴さんの使用人であったことから時どき出入りしていた）の証言によれば、朴さんは仰向けに倒れ、片方の膝を立てていたというのです。

栗山は、事件直後は有力な容疑者として警察の取り調べを受けていましたが、警察ずれしている栗山にいつまでも係わっているよりも、私の方が与し易いと思ってか標的を私一人に絞り込み、栗山のアリバイ捜査もあいまいのまま早々と捜査対象からはずしていたことが、後に弁護団による独自の調査で判明しています。

栗山は警察の取り調べから解放されて間もなく、窃盗事件（貴金属盗）の累犯として逮捕され、鶴見事件の一審裁判が開始されたときは、黒羽刑務所に服役中でした。

そこで、弁護団の強い要請によって同刑務所に於て、栗山を証人尋問することが決まりました。

前記した「社長は仰向けに倒れ、片膝を立てていた」という栗山の証言はこのときのものです。

その時の尋問調書の一部分を抜粋し要約して記載します。

尋問した年月日　平成元年七月六日
尋問した場所　黒羽刑務所内
尋問した裁判所　横浜地方裁判所第二刑事部

裁判長裁判官　杉山忠雄
裁判官　村田鋭治
裁判官　齋藤正人

検察官　山本信一

弁護人
主任　大河内秀明
山本一行
渡辺利之
黒田和夫
黒田陽子

検察官の尋問

証人が事務所の中に入って行った後、証人はどうしたんですか。どのような行動をとったんですか。

——（証人・以下同）入って行ってすぐ右側に長いすのソファーがあって、そこにいつも親父さん（朴さん）が寝ているのだが、そのときはいなかったので留守だと思って、バックしながら一度外へ出て、戸を閉めながら見たら、階段（奥の六畳間は事務所より高くなっているため二段式の踏み台が置いてある・高橋注）の下に奥さんと親父さんのサンダルがそろえてあるので、あれ、いるのかなと思って再び中に入り、階段のそばのカーテンをめくってみたら、親父さんがあお（仰向け）にひっくり返っていました。立膝して。で、奥さんも、やっぱりあおにひっくり返っていました。

親父さんは階段の方に足を向けて倒れていました。片膝して、大の字になっていて、座敷へも上がらなかったし、声もかけてみなかったけど死んでると分かったです。

村田裁判官の尋問

死体の状況で、Ｋさん（朴さんの通称）親父さんの方ですけども、先ほどの片膝して仰向けに倒れていたというのは、どういうことですか。

——自分は分からないですけど、右か左かちょっと忘れたんですけど、立てて、あと大の字になって。

そうすると、かなりはっきり分かるくらい膝が立っていた。

——立っていました。

このように栗山は、検察官と裁判官の尋問に対し、死体の状況について、朴社長は仰向けに倒れ、片方の膝を立てていたと供述しています。

この供述が私には理解できないのです。

度々述べているとおり、私は座敷に上って二人に近寄り、頬をたたいたり体を揺すったりすることを繰り返し、脈こそ取ってみなかったけれど、首に手を当てるなどして息が絶えていたことを確認しています。

栗山が私より後に来て、二人が死んでいるのを発見したというのが本当なら、私が立ち去った後、死んでいる人が片膝を立てたということになりはしないだろうか。

大河内主任弁護人の尋問

梅田商事に行って、ガラス戸を開けて入ったわけですね。

——はい。

入ってまず、ごめんくださいって呼び掛けたわけですか。

——ええ、おやじさんいるって。

当然返事はなかったわけですけれども、何回くらい呼んだんですか。

——一回ですね。

それでソファーのほうを見たけれども、いなかったんで一旦外へ出たということですか。

――ええ。

座敷の電気はついていましたか。

――電気はついてないと思います。

よく見えなかったと言いましたね。カーテン越しには。

――…………。

二回目に入ったときに声を掛けたと言いましたか。おやじさんと。

――ええ。

何回くらい呼んだんですか。

――一回くらい呼んだと思いますね。あるいは呼ばなかったか、はっきりわかりませんが、最初入ったときに、おやじさんと言ったのは間違いないですね。

黒田和夫弁護人の尋問

事件当日の話なんですが、一時ごろアパートを出て、梅田商事の方に行かれたと言いましたね。

――はい。

それは特に何か用があったんですか。

――特に別に用事はないですね。大体、いつもの、そういうあれですね。

ところが、週一、二回程度だったんじゃないですか、それまで、行くのは。

――大体平均したら、それくらいかも分からないですね。

前日の午後会って、また次の日に行くという、何か特別な理由があるんじゃないですか。

――いや、別にないですね。そういうことも前にもあったから、別に。今日行って、明日病院に来たからということで寄ったこともあるし、別にね。

被害者の方を発見して、近くにある健康と暮らしを守る会に行きましたね。

――はい。

それで、そこから五十嵐さんを通じて一一〇番したと、こういうことですね。

――はい。

そのとき、五十嵐さんのところに行ったとき、まず最初に五十嵐さんに何と言ったんですか。

――梅田商事の社長と奥さんが死んでるっていうことを言ったですね。だと思います。

五十嵐さんの話だと、社長二人が殺されてると言ってSさんが来たというんですが、そういう記憶はないですか。

――どう言ったか分からないけど。死んでるって言ったんだか、殺されてるって言ったんだか、その言葉は分からない。その言葉までは分からないです。

じゃ、殺されてるって言った可能性もあるわけですか。

――あるかも分からないですね。

で、それを聞いて、五十嵐さんのほうでは、自分で電話しろというようなことをあなたに言わなかったんですか。

――言ったと思いますね。

で、それに対して、あなたはどう答えたんですか。

——いや、自分はあれだからと言って、五十嵐さん、頼みますよと言って、自分の名前は出さないで電話してよっていうことを言ったと思います。

重ねて、五十嵐さんのほうからあなたに対して、自分でしろという、言わば押し問答みたいなのはなかったですか。

——そういうのはなかったと思います。

五十嵐さんの話だと、自分とそういう押し問答を五分くらいやったと。

——押し問答してないですよ、五十嵐さんと。なんだ、お前、かけろって言って、いや、自分はちょっとあれだからって言って、じゃ、お前の名前出さないでってことで、五十嵐さんかけてくれたんです。

五十嵐さんは一一〇番した後、現場に行ったんですか。それとも現場を見てから一一〇番したんですか。

——一一〇番してから現場に行ってる。

そのとき、あなたはついて行って、途中まで行ったと言いましたね。

——はい。

どうして一緒に中まで行かなかったんですか。

——五十嵐さんに、だれか来るか分からないから、お前、ちょっと留守番しててくれって自分言われたから。

山本弁護人の尋問

証人は宝石泥棒ということで、今回、服役しているわけですね。

——はい。

これは店に忍び入ったわけですね。

——はい。

忍び入るときに、何か道具を使いますか。

——バールでモルタルをこじあけて、それで入りました。

大河内主任弁護人の尋問
今の裁判官の御質問に関連してですけれども、横浜の事件とか、何件か宝石店に侵入窃盗したということで捕まったんじゃないんですか。

——自分はそこで一件だけやって、東京へ品物持って来て、東京で捕まったんです。

じゃ、宝石店に入ったのは一件だけではないんですか。

——その店一件だけです。

それはいつのことですか。

——一三日の夜中、一二日の夜中から一三日にかけてですね。午前。

あなたはそれ以前にも宝石店に入って盗みをしたことがあると、先ほど証言されましたね。それで服役したことがあると。

——はい。

常習的にそういう宝石泥棒をやっていたということではないですか。

——あります。

で、今回の裁判は、その一件だけで起訴されているわけですか。

——はい。

裁判長の尋問

本当に奥の座敷には上がりませんでしたか。

——上がらなかったです。

事務室のほうからのぞいただけで、もう死んでいるというのはすぐ分かったわけですか。

——開けてみて、こうやって見て、それで。

死んでるか、まだ瀕死の状態か。

——動いてないし、こうなってるし。

で、もうすぐ、死んでると判断したわけ。

——自分は判断しちゃったんですね。自殺だと思っちゃったんです。自分はてっきり。

検察官尋問の一部を追加抜粋する。

座敷のほうで倒れている朴さんと奥さんの姿を見たとき、証人はその二人に向かって呼び掛けたりしませんでしたか。

——しなかったです。

それはなぜですか。

――いや、もうびっくりしちゃって。

座敷の上に仰向けに倒れていたその二人の姿を見たとき、二人の顔面や着ていたものに何か気付いたことはありませんでしたか。

――自分は奥さんの顔が血で赤くなっていたのは、なんか覚えています。

朴さんについてはどうですか。

――親父さんは何もなかったみたいに感じました。

その際、証人自身が座敷の上のほうまで上がっていったということはありませんでしたか。

――ええ、ありません。


以上、ポイントとなる部分のみピックアップしました。

まず、証人栗山は、被害者の朴社長は仰向けに倒れ、右か左か覚えてないけれど、片方の膝を立てていたと、検事と裁判官の尋問にはっきり答えています。

先ほども書きましたけれど、この供述が本当なら、完全に死んでいた人間が、私が立ち去った後で、膝を立てたとしか考えられないわけでして、そんなことは誰が考えたって絶対にありえないことです。

これはあくまでも推測ですが、栗山は私よりも先に現場にいたのではないかと思うのです。恐らく、その時点では膝を立てていたのでしょう。

人の記憶は薄れがちで、あいまいな証言が多いものですが、それでも第一印象というのはかなりはっきりと記憶に残るし、目にも焼きついているものです。

膝が立っていたことを前提に考えると、朴さんはこの時点では、完全には息は絶えていなかった可能性が否定できません。

事件当日、栗山が梅田商事事務所を訪れた時、入ってすぐ右側のソファーにいつも寝てる親父(朴)さんがいないので、留守かと思って、バックしながら入口のところまで戻り、一旦外に出てから見たら、奥さんと親父さんのサンダルがあったので、あれ、いるのかなと思ってまた中に入ってカーテンをめくってみたら、親父さんと奥さんがひっくり返っていた、と供述しています。一旦外に出て、二度目に入った時、声を掛けたようすがありません。大河内弁護人の質問に「掛けたような、掛けなかったような」とあいまいに答えていますが、恐らく声を掛けずにカーテンをめくったのだと思います。

栗山の供述は全て、尋問の核心をはぐらかそうとすることに終始している。

「バックをしながら(後ずさりながら)戻った」のなら、外に出る前にサンダルが目に入った筈なのに、天井でも見ながらバックしたのだろうか。奇異に感じますが、それよりも、留守かと思って帰ろうとした、という供述に私はひっかかるものを感じます。なぜかと言いますと、栗山は、昭和六〇年か六一年ころアパートの周旋をしてもらったことで朴さんと近しくなり、タクシードライバーをやりながら、週一くらいの頻度で朴さんの事務所に顔を出すようになり、やがて、不動産の仕事を覚えたいという理由で、昭和六二年の一月から梅田商事の従業員として働くようになりますが、約三か月間働いて四万円ぐらいしかお金を貰えなかったことで生活が苦しくなり、再びタクシードライバーとして働くかたわら、アルバイト的に朴さんの仕事を手伝っていたと供述しています。そしてまた、仕事の有無にかかわらず週一、二回は事務所へ顔を出すようにしていたとも言っています。

この供述でわかるように、栗山は朴さんとはかなり近しい間柄でした。親しい関係でありながら、カーテンをめくって、照明のついていない薄暗い座敷をのぞいただけで呼び掛けてみることも、座敷に上がってみることもしないで、「二人とも死んでいた、てっきり自殺だと思った」と供述しています。

私は、この供述にも違和感を覚えます。一時は梅田商事の従業員として働き、その後も、親父さんと呼んで親しい間柄であったのだから、なぜその時、親父さん！ と声を掛けてみなかったのだろうか？ 普通の感情を持っている人間なら、呼びかけてそばに寄り、生死を確かめてみるなどすることが、親しい者がとる自然の行為ではないだろうか。

それとも私のとった行動（これはただごとではないと、とっさに靴を脱ぐのも忘れて座敷にとび上がり、二人の体を揺すったり頬をたたいてみたりしたこと）のほうが異常なのだろうか。

また彼は、最初に事務所に入ったとき、いつもはソファーに寝そべっている親父さんの姿が見えないので、留守だと思った、と供述していますが、たとえ三か月とはいえ朴さんの仕事を手伝い、やめた後も、週に一、二回は顔を出すほど近しくしていたのだから、梅田商事の入口の引き戸が外から施錠できないことを知っていた筈です。事務所内には顧客名簿や貸借関係などの重要書類などがあったと思われるのに、無施錠の事務所を二人そろって留守にするのはおかしいと思わなかったのだろうか。

親父さんいる？　と声を掛けて中に入ったけれど、いつもの場所に親父さんがいないので……と、それだけで二人とも留守だと思ったというのがどうも解せません。

私が梅田商事の事務所を訪れたときは座敷の照明は消えていましたが、栗山も、電気はついてなかったと思う、と言ってます。

それなのに彼は、奥さんの顔が血で赤かったと供述しています。しかしこの供述は嘘です。これは、はっきりそう言えます。

なぜそう断言できるのかといえば、私自身が現場で経験しているからです。

照明が消えている座敷は、窓がないので薄暗くて物がはっきり見えないのです。事務所に差す日の光がカーテン越しに入ってくる程度です。

朴さんは頭を奥に、足を事務所のほうにして倒れていて、奥さんは逆に頭を事務所の方に向けて、二人とも仰向けの状態でした。

それだけでも奥さんの顔面は見えにくいのに、薄暗い座敷で、しかも栗山が立っている事務室は、座敷より六〇センチくらい低くなっているのです。そういう状況の下で、カーテンの裾を少しめくったくらいで奥さんの顔面が見えるわけがありません。栗山は明らかに嘘をついています。

「本当に座敷には上がらなかったですか」という裁判長の尋問にも、「上がらなかったです」と供述していますが、この供述も嘘ということになります。なぜなら、座敷に上がらなければ奥さんの顔を見ることはできないからです。

栗山は、私よりも先に現場にいたのです。そして、座敷にも上がっているのです。だから奥さんの顔が血で赤かったことや、朴さんの片膝が立っていたことも、印象として焼き付いていたのです。だから栗山が真犯人だと言うわけではありませんが、彼が私よりも先に梅田商事にいて、座敷に上がったのは確かだと思うし、事件についても、何かしら事情を知っていたのではないかと思えてならないのです。

栗山の当日の行動について、弁護人が一つの推理といいますか、仮説を立てています。それは簡単に説明するとこういうことです。

「栗山と共犯の二人は、目的を果たした後、『黒いカバン』と『重要書類入り布袋』を持って一旦その場から立ち去るが、栗山のアパートか、あるいは別の場所で、カバンを開けてみると現金が入ってなかった。

当てがはずれた栗山は、そしらぬ体を装って現場に戻り、室内を探してみたが現金は見つからなかった」

というものですが、私もこの説には同感です。的を射ていると思いました。

この説に従えば、栗山が立ち戻るまでの間に私が訪れ、現金を持ち去ったということになります。現金は半透明のビニール袋（レジ袋）に入って、机の脚の少し奥まったところ（見取図参照）に置いてありました。

検事は、弁護人の説に対して、カバンを持ったときに現金が入っているかいないか重さで分かるはずだと反論していましたが、状況を考えれば、そうは言い切れないと思います。

朴社長がレジ袋に現金を移した事情は私には分からないし、その後カバンをどこに置いたのかも知る由はないけれど、栗山らは一刻も早くその場から立ち去ろうと思う焦りがあっただろうし、「黒い大きなカバン」というのだから、カバン自体にもある程度の重みはあっただろうし、何か書類のような物が入っていた可能性だってあるわけです。

また一二〇〇万円の現金は、それほどの持ち重りを感じません。

それに栗山は、朴社長が銀行からまとまった現金をおろすときは、そのカバンを使うことを使用人であったときから知っていたし、その日にまとまった現金をおろしてくることを知っていたと思われます。

朴社長は、少しまとまった取り引きがあると、誰彼れとなく自慢したがる傾向があった（現に銀行で会った複数の知人に話している）というから、事件前日に訪れた栗山に対しても、気安さから自慢気に話した可能性は十分考えられます。

したがって栗山は、カバンに現金が入っていると思いこんでいただろうし、気が急いているなかで、カバンの重さとか、中を確認してみるなどといった余裕などなかったと考えるべきではないだろうか。

栗山の当日の行動と服装について、検察官の尋問に対して栗山は、

「タクシーの夜勤明けで、朝の六時頃アパートに帰り、それから一〇時頃まで寝て、近くの郵便局で交通違反の反則金を納め、それから親父さんのところへ寄ろうと思ったけど急に腹の具合が悪

くなったので、郵便局のはす前にある喫茶店に寄ってトイレを借りて、コーヒーを飲んでからアパートに一〇時半～四〇分ころ帰って、それからまた寝て、二時ごろ起きて親父さんのところへ行った。アパートから親父さんの事務所までは歩いて一五分くらい」

その時の服装については

「下はトレパンはいて、上は半袖シャツかな、丸首の」

と供述しています。

黒田弁護人の尋問

その日の服装なんですが、さっき、丸首のシャツで、下がトレパンですか、みたいな形って言われましたけれども、それは要するにふだんの格好で行かれたわけですか。

――大体そうですね。自分は、帰ると、そういうふだんの、何か用事で行く場合は、また違う服装をするけれども。

じゃ、その日は特に用事がなかったから、ふだんの格好で行ったと、こういうことですか。

――はい。

当日、たばこやのおかみさんが、あなたがたばこを買ったときの服装を憶えていて、おかみさんの話だと、今まで見たことのないような服装だったと。

どういうことかというと、ふだんはトレーナーの上下みたいな服装で、ところがよく見ると初めて、紺とかグレーのチェック模様のワイシャツを着てきたと。

ふだんはいろいろしゃべって行くんだけれども、話もしないでたばこだけ買って行ったと。そういう服装だったという記憶はないですか。

——そういう服装もあると思うんですね。

あると思うというのは、今思い出したということですか。

——そういう着るもの、あるからね。

そうすると、何か特別な用がなければ、そういう服装しないんじゃないですか。

——大体そうですね。

そうすると、何か用事があったのと違いますか。

——用事は別になかったと思いますね。ないですね。で、その後、親父が死んでいて、警察行って、そうだから、別にね。

それから被害者の方を発見して、近くにある健康と暮らしを守る会に行きましたね。

——はい。

栗山は、梅田商事を訪れるときはいつもトレーナーの上下だったと供述しています。この事件を決行したのが栗山と共犯の二人とした場合、栗山は行動し易いトレーナーを着用した筈です。そして、この近辺の人たちには顔を見知られているので、変装というほどではないにしても、サングラスをするなどして、近辺の人に見られても、一見それと分からない程度の工夫はしただろうと思います。

そして恐らく誰にも見咎められずに「重要書類布袋」と「黒いカバン」を持ち出したのでしょう。梅田商事では、事件の四か月くらい前に泥棒に入られ、取引関係の書類などが盗まれているので、それ以来用心して、重要書類などは帰宅する時に持ち帰り、朝の出勤時に持参するようにしていたといいます。

そして娘婿も証言によれば、営業中の昼間は、いつも座敷の押し入れの中に仕舞っていたそうです。こういう事実を知っているのはごく近しい者に限られると思われますが、梅田商事を辞めた後も、アルバイト的に朴さんの仕事を手伝っていた栗山も、近しい者の一人として、知っていた可能性は十分考えられます。

しかし持ち出したカバンの中には現金が入ってなかった。

当てがはずれた栗山は、もう一度事務所に行って探してみようと思い、今度は服装を替えて、現場近くまで行って様子を窺ったところ、まだ警察に通報されている様子はないので、何食わぬ顔で事務所に入り、室内を物色したが現金を見つけることはできなかった。

この時の栗山は、服装は替えていたけれど、素顔を見られないための配慮は何もしていなかったので、事務所への出入りを誰かに見られているかも知れないと思い、とっさに第一発見者になることを思い立ち、ならば自分の今の服装を誰かに印象付けておこうと考え、ふだん気安くしている近くの雑貨屋でたばこを買い、いつものように雑談も交わさずにそそくさと立ち去っている。

このときの栗山の挙動と服装については、黒田弁護人の栗山に対する尋問の中で、たばこ屋のおかみさんの証言にあるとおりですが、栗山としては、自分より先に第一発見者が現われたりすると立場が悪くなるので気が急いていて、とても世間話などしている余裕はなかっただろうし、服装を見せておくのが日的だから、最初から雑談を交わす気などなかったと思う。

栗山のこの考えは、午前中に梅田商事の事務所に出入りしたとき、人に見られても顔は分からないようにしたつもりだが、万が一、ジャージ姿で事務所に出入りする男がいた、などという目撃情報が警察に寄せられた場合のことを考えてのことで、今の服装を知人に見せておけば、自分のその日の服装はジャージではなかったと言えるからである。

しかし弁護人の尋問に栗山は、事件当日は丸首のシャツにトレパンという服装だったと答え、弁護人からたばこ屋のおかみさんの話を聞かされるとしどろもどろな供述をしている。しまった！と内心思っていたかもしれない。

ともかく、何の愛想もなくたばこ屋を立ち去った栗山は、その足でまっすぐ「健康と暮らしを守る会」へ行って責任者の五十嵐氏に、「梅田商事で二人殺されている」と告げて、警察への通報を依頼している。

しかし五十嵐氏から、お前が第一発見者なんだからお前が自分でかけろと言われるが、「いや、自分は係わりたくないいし、名前も言いたくない。五十嵐さん頼みますよ」などと押し問答している。係わりたくない、名前も出したくないと言うのだったら、第一発見者になどならなければよかったのだ。

栗山は貴金属店破りの常習犯で、前科もいくつかあることから、名前を出せば疑われるのは必至だ、だから係わりたくない、と思ったのだろうが、それでも第一発見者の立場でいたかったのは、ジャージ姿を（顔は分からないとしても）誰かに見られていたら……という不安もあって、今の服装を一人でも多くの人に印象付けておきたいという思わくがあったのかも知れないが、それよりも栗山には、事件について後ろめたさがあるから、係わり合いになることを恐れ、名前を出さずに済ませたいと思ったのかもしれない。

しかし結局は、第一発見者として、警察の事情聴取を受けながら、その一方では容疑者として取り調べを受けていた。

黒田弁護人の尋問
梅田商事の事件が起きてから、新聞社の人があなたのアパートに来たというようなことはないですか。栗山さん、いませんかと。

――あります。

で、あなたはいましたね。

――はい。

どういうふうに応対したんですか。

――あれは二人来ましたよね。今しゃべったようなことを聞かれて、普通にしゃべってますよね。

こういうことを言ったのと違いますか。

私は栗山の友人で、栗山は今、アパートにいないと。そう言って帰したのじゃないですか。

そういうことはないですか。

――これは言っていいかどうか分からないけど、刑事さんがそう言ったんです。そのときに、自分にいろんなことを聞きに来た刑事さんがいたんですよ、部屋に。そのとき、刑事さんが言ったんです。

いや、その現場で、刑事さんじゃなくて、名前は言いませんが、あなたがそう言っているのを見ている人がいるんですけど、事実として。刑事さんが言ってるんじゃなくて、あなたがそういうふうに新聞社の方に対応しているのを見ている方もいるんですけど。

――事件が起きてからですか。

はい。そういう記憶はないですか。

――来て、一回、外へ出て行って、公園で話したことありますよ、新聞記者の人と。

私は栗山の友人だからということで帰ってもらったことないですか。

――そういうこと、ありました。そのときは、今言った刑事さんですね。来てたんですね。それで言ったんです。帰ってくれって言って、あれしたんですよ。

そのときのことだと思います。

それは何でですか。なんで自分と言わなかったんですか。

――新聞社の人、うるさいでしょう。事件起きてから、いろいろ夜でも夜中でも、ドンドンドンドンはたくし、栗山さん、栗山さんって言って。

栗山が記者に対し、自分は栗山の友人で、栗山は今はいないという理由で帰ってもらったことについて、最初は刑事が言ったというようなことを言っていて、次は刑事が部屋にいたから、そういう口実で帰ってもらったと言ってますが、取りようによっては、そういって帰ってもらえと、刑事に知恵をつけられたようにも受け取れるし、しまいには、記者がうるさいのでそう言って帰ってもらったと言っていて、判然としませんが、栗山には警察での取り調べだけでなく、アパートの部屋にも刑事が来て張り付いていたことが分かります。

この時点では、家宅捜索のできる段階ではなかったのかも知れないけど、せめてトレーナーの任意提出を促すことはできなかったのだろうかと、何度も思いました。

と言いますのは、実況見分のため現場へ連行された際、便所の手前の壁（現場見取図の点線で示した箇所）に飛沫血痕がかなり付着しているとおしえられたからです。その壁には養生シートが張られていましたが、私はぜひ見ておきたいと思い、同行の田代刑事に要求したのですが拒絶されたのです。

殺害された奥さんは便所内でめった打ちにされたということなので、便所のとばくちの壁にまで血が飛び散っているなら、犯人はかなりの返り血を浴びている筈。

栗山を犯人と仮定すれば、様子見に現場へ戻ったときに服装を替えたのは、トレーナー姿で現場に出入りするところを誰かに目撃されていたかも知れない、ということのほかに、一つには返り血の問題があったからだと思います。

だから、刑事が栗山に張り付いていた時点で、トレーナーの任意提出があったなら……と思ったのですが、考えてみれば、第一発見者になったときは普通のシャツとズボンの服装で、ふだんはほとんどトレーナーの上下がSの定番だったことなど刑事は知らないわけだから、その日の栗山の服装にまで思いが致らなかったのは仕方のないことかな、という思いはあるけれど、真犯人を逃してしまったのではないだろうか、という思いも、頭から去りません。

私が梅田商事の座敷でお金を見つけたときの経緯はたびたび記述しているとおりですが、腰から下が萎えた感じになって足がもつれ、前へつんのめるように四つん這いの格好で倒れたとき、シャツの胸ポケットからたばことライターが前方へ飛び出したというのもそのとおりですが、実はこの時、電話のメモ帳が一緒に飛び出していたのを気付かずに立ち去ってしまったのです。

机の脚の奥のビニール袋に札束らしいものが入っているのを見つけ、這ったまま袋に近寄り、札束を確認したときには、メモ帳のことなどは念頭にありませんでした。

胸のポケットから飛び出したときに目に入ったのはたばことライターだけで、気持ちも正常でなかった情況の中では、メモ帳までは気がまわらなかたように思います。

また、メモ帳の表紙がくすんだ黄土色でしたから、薄暗い座敷の中では見えにくいこともあったか知れません。

メモ帳の大きさは厚さ約2ミリ、横約8センチ、縦約4センチの薄っぺらなもので、いつもたばこの箱本体と外装のセロファンとの間に入れて持ち歩くのが習慣のようになっていました。

当日も、梅田商事を訪れる直前に知人など三か所へ電話をした後、いつものようにたばこの箱とセロファンの間に入れたことは間違いないのです。

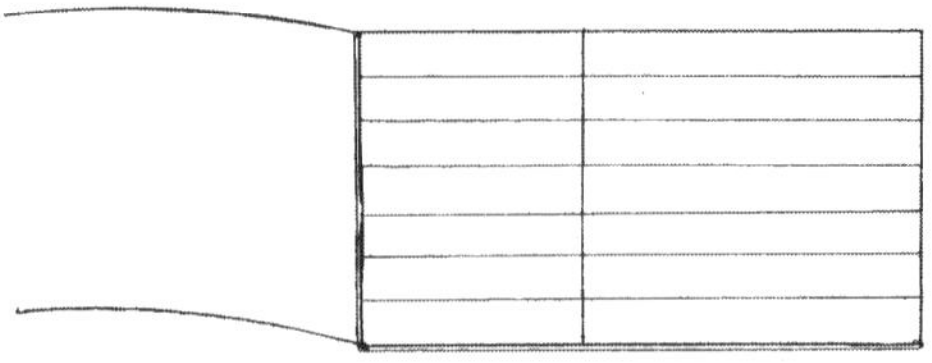

約 4cm × 8cm　厚さ約 2mm

いずれにしろメモ帳がポケットにあったことは確かなのですが、警察が遺留物として領置してはいないのです。米田刑事と山本検事にも確認しましたが、現場にはなかったと言われました。

警察で領置していないとなれば、矢張り、カバンに入ってなかった現金を探す目的で、私が立ち去った後に現れた栗山が見つけて持ち去ったということも考えられます。

メモ帳には、取引先等の電話番号の外に、末尾には自分の生年月日、氏名、運転免許証の番号などが記入できる欄があって、ひと通り記入してありましたから、何かに利用できると思ったかも知れません。

メモ帳の表紙には「東洋建設設計事務所」と金文字で入っていました。

実害は何もありませんでしたが、姉のところに一度だけ不審な電話があったそうです。

どういう内容の電話だったかというと、過去に私が融資を受けたことのある金融業者を名乗り、高橋さんに五〇万円貸してあるのだが、おたくが保証人になっているので返済してもらいたい、分割でもかまわないので、とりあえずいくらか入れてもらいたい、日時を指定してもらえば集金に行きたいと言ったそうですが、保証人になった覚えはない、と突っ撥ねたら、それきり二度と電話はなかったそうです。

警察で米田の取り調べを受けていたときのことですが、米田から、今日は調書の整理があるので部長（武藤刑事）と雑談でもしていてくれ、と言われたことを前記しました。

雑談の途中で武藤刑事が、事件当日梅田商事へ赴いた際、特に気付いたことはなかったかと訊くので、私が車を止めようとしていた少し先に、白いライトバンが頭を少し右に切って発進態勢にあったので、その車が出たらそこに止めようと思っていると、梅田商事から紙の手提袋を提げて出て来た男がライトバンの助手席に乗り込むとすぐに走り去ったので、私はその後に車を止めたことや、その男の体型や年格好などを話そうとしたところ米田が割って入り、武藤刑事に身上書の作成を言い付けたために、この話はそれきりになってしまったけれど、後にこの話が非常に気に懸かる事柄として浮上して来る、というところまで前記しました。

では何が気懸かりなのかというと、山本検事が、黒いカバンと重要書類入り布袋、それと共犯関係について執拗に私を責めていたとき、

「あなたは杉浦という男を知らないか」

と検事に訊かれたので、杉浦なら知ってますけど、と答えると、どういう関係かと訊くので、うちの従業員ですと答えました。

すると、「いや、その杉浦ではなく梅田商事に出入りしていた杉浦という男だ」と言うのです。

「その人は知りませんが、それが何か？」と逆に問うと、いや、知らなければいいのです、と言って、この話はその後一度も出てきませんが、事件発生直後から濃厚な容疑者として取り調べを受け

ていた栗山と同じように、容疑者の一人として取り調べを受けていたことを後で知るのですが、栗山と杉浦が共犯という線、あるいは、杉浦が私の共犯ではないのか、という考えも、山本検事にはあったのかもしれません。

私が拘置所に移監されて翌年の春、胸部のレントゲン検査がありました。収容者全員ではありません。多分、ある程度、長期勾留が見込まれる者だけのようでした。

全員で何名ぐらいが対象なのか分かりませんが、私のときは二〇名ほどが隣接する刑務所構内にある医務棟まで歩いて行きました。そのとき一緒だった年輩の男が私を見てニヤッと笑ったのです。私を見知っていて笑ったわけではないと思いますが、拘置所の独居房に収容されている者は人恋さ故か、誰にでも笑いかけたり、目顔で挨拶する者がよくいるのです。

男が笑ったのは、たぶんそのたぐいなのだろうと思ったのですが、横顔をよく見ると、どこかで会ったことがあるような、記憶ともいえない模糊としたものが頭の中にあるのですが、どうしても思い出せません。

年齢は六〇歳前後、髪は三分刈ぐらいのごましお頭。メタルフレームの眼鏡を掛け、がっちりした体格で身長は一六五、六センチ。建設現場で見かけたことがあったのだろうかと、医務棟までの道すがら考えたけれど思い出すことができませんでした。

ところが、医務棟について番号札を渡されて一列に並んだとき、彼は私から一人置いて先にいたのですが、彼の順番が来て、職員が「杉浦」と男の名前を呼んだとき、私はハッとしました。検事に訊かれた杉浦という男の名称が瞬時に頭にうかび、そして事件当日、梅田商事から出て来て、白いライトバンの助手席に乗り込んで走り去った男の姿が俄然甦り、眼の前の男と完全にオーバーラップしたのです。

検事が訊いた杉浦とはこの男ではないのかと思いました。

公判のあった日に同じバスに乗り合わせたこともありましたが、彼は横浜地裁では降りなかったので、川崎支部で裁判を受けているのだろうと思っていました。

次の年のレントゲン検査のときも彼と一緒で、矢張り杉浦と呼ばれていました。下の名はとうとうわからなかったけれど、弁護人へもこの件を伝え、弁護団でもいろいろ調べたのですが、裁判を受けている様子がなかったというのです。

それではなぜ拘置所に収容されていたのだろうか。手錠と腰縄を打たれて、裁判所へ通うバスに乗っていたのは何のためなのか？

その年の春のレントゲン検査から、翌年春のレントゲンまで、少なくとも一年は収容され、裁判所へ通うバスに乗り合わせたのも確かことなのに、裁判を受けていた形跡がないというのはどうしたことなのか。不思議です。今もって釈然としません。

後になって分かったことですが、検事が私に「杉浦」という男について訊いたのは、そのころ既に、杉浦は容疑者の一人として任意の取り調べを受けていたからなのです。

検事は、私と杉浦との間に何かしら接点がありはしないかと、探りを入れたのだと思います。

山本検事は「あなた単独でできることではない、共犯がいるはずです」と共犯にこだわって私を責めている最中でしたから、黒い大きなカバンと重要書類入の布袋、そして共犯関係、この三件のうちのどれか一件でも自供を取りたいという思いは強かったと思います。

　主任弁護人の調査によれば、杉浦には詐欺などの前科があり、当時はこれといった定職はなく、融資を求める客を朴社長に紹介したり、債権取り立てを手伝って手数料を貰うなど金融ブローカーなどのようなことをやっていて、杉浦自身も朴社長に借金があって金に困っていたといいます。

　一方栗山も、朴社長の下で三か月間働いて四万円しか貰えないといって、近くのたばこ屋のおかみさんに愚痴をこぼしていたというおかみさんの証言もあり、矢張り金に困ってもいたし、朴社長への不満もあったでしょう。

　朴社長と杉浦との付き合いは栗山よりも古いので、当然栗山とも面識があり、金に困っていた二人が組んで犯行を計画、実行することは十分有り得ることです。

　栗山は事件の前日と前々日と続けて梅田商事を訪れており、朴社長の話から、当日大金が用意されることを知っていたであろうし、重要書類を入れた布袋が昼間はいつも押し入れにあることも、梅田商事の仕事を手伝っていた関係から知りえた筈。

　また主任弁護人の調査によれば、杉浦は少なくとも三〇〇万円の債権について、朴社長から度々請求されて困っていたといいます。

　そういったことを総合して考えてみると、矢張り、金に窮した二人が組んでやったのではないかという気がしてなりません。

　二人の犯行と仮定した場合、計画は栗山から持ちかけたものと思われます。なぜなら、当日、事務所に大金が置かれることを知っているのは栗山だからです。

犯行計画を持ち掛けられて杉浦は、自分と栗山の利害が一致することもあって、おそらく即座に乗ったでしょう。

しかし、いくら利害が一致するからといって、こんなにも大それた計画においそれと乗るというのも考えにくいので、もう一歩踏み込んで推理するなら、二人は以前にも、犯罪の種類までは分からないけれど二人で組んで、いわゆる山を踏んだ経験があって、そのときに意気投合したことで、常々梅田商事を狙う機会を窺っていたことは十分考えられることです。

梅田商事では事件の四か月前に書類や顧客名簿などが盗まれる事件があり、朴社長は鶴見警察署に被害届を出しています。しかしこのときの犯人は重要書類というほどの物を盗み出すことができませんでした。

重要書類としては、不動産関係の訴訟書類や融資を受けた者の借用証書、そして保証人が入れた保証書、融資の担保として確保している不動産の権利証、同じく担保として差し入れられている手形などが考えられます。

この窃盗事件の犯人が杉浦と栗山の二人だったのか否かは分からないけれど、その可能性が全く無いとは言い切れません。杉浦は少なくとも三〇〇万円の債権の件で朴社長から度々請求され困っていたので、何とかして債権を消滅させることができないか、盗み出せないものかと考えていたかもしれません。

梅田商事には、暴力団関係者や不動産業者、金融業者、ブローカーなどいずれも得体の知れない人物が杉浦の外に少なくとも三人出入りしていて、貸金の取り立てを手伝ったり、融資の客を紹介するいわゆる口利き屋のようなことをしていたことが、主任弁護人の調査で分かっています。そしてこの者たちも、朴社長から金を借りていたから、当然、借用証書や保証人の証文、手形などを担保として差し入れていたのは間違いないでしょう。

杉浦はこの者たちとも付き合いがあるので、彼らが朴社長から借金していることも十分承知していたはずです。

この者たちの債権もまとめて手に入れることができれば、彼らに売りつけることができる。額面よりかなり値引きしても金にはなるだろうし、自分の債権も消滅することができるのだから、一石二鳥ではないか、という計算が杉浦にあったかもしれません。そこで杉浦は、侵入盗には馴れている栗山に、うまくいけば金になるからと、誘いをかけたのではないだろうか。

ところがそのとき盗み出した物の中には肝心な物が何もなかった。侵入には成功したものの目的を果たすことができなかったのです。

そこへ今度は栗山からの誘いである。

栗山は一九八七（昭和六二）年一月から約三か月間、朴社長の下で働き、辞めた後もアルバイト的に仕事を手伝うなどして親しく出入りしていたことから、盗難事件後は朴社長が用心深くなり、重要書類は布袋にいれて自宅へ持ち帰り、毎朝、事務所に出て来るときに持参して押し入れに仕舞っておくことや、現金も夜は事務所に置かないことを知っていました。

重要書類と現金。どっちを奪うにしても、昼間やるしかない。それも取り引き相手が来る前に手っ取り早く終わらせなければならないのだから、容易なことではない。しかも白昼に決行するとなれば顔を見られてしまうのだから、殺すしかない。どう考えても一人では到底不可能だ。

そこで杉浦に誘いをかけると、杉浦もかねがね次の機会を窺っていただけに、案外あっさり乗って来たのではないだろうか。杉浦は若い頃ボクシングジムに通っていたのを自慢するほど腕力には自信があったし、今度こそ一石二鳥になるかも知れないのだから、一か八か、リスクを冒すだけの値打ちはある、と思ったかも知れません。

ところで、事件当日、私が最初に車を止めようとした場所は、朴の事務所から約八メートルくらい離れていました。私のすぐ前に軽自動車が一台止まっていて、その先に白いライトバンが発進体勢でいたのです。

運転席の男の顔を見ることはできませんでしたが、杉浦については、当日朴の事務所から出てきた男と拘置所で出遭った男が同一人物であると、確信を持って言えます。

その杉浦がライトバンの助手席に乗りこんで走り去った直後に、私が事務所に入り、夫妻が座敷で倒れているのを発見した時は、二人は既に死んでいたのですから、杉浦が朴夫妻の殺害に関与していたか、少なくとも何らかの事情を知っている筈です。もちろん、車を運転していた男（おそらく栗山）もです。

梅田商事夫妻を殺害したのは栗山と杉浦が組んでしたことではないかと、縷々述べて参りました。

しかしそれは単なる推測にすぎないではないか、と言われるかもしれません。

犯行を目撃したわけではないし、確かな証拠があるわけでもないので、推測に相違ありませんが、私の場合も裁判官の推測によって「死刑」を宣告されています。

客観的証拠は何一つ無く、凶器の特定もされていません。あるのはねつ造された供述調書と、現金を持ち去ったという事実だけです。しかし唯一の証拠といえる供述調書について、地裁の上田裁判長は、供述内容に疑問符をつけ、消極的ながらも信用性を否定しています。また高裁も、調書の信用性を明確に否定しており、山本検事でさえも、信用できなかったと法廷で証言しています。

結局、客観的証拠による殺人の裏付けについては皆無だが、それぞれの「状況証拠」を総合すれば、被告が犯人であると「推認」できる、というものです。「推認」などという熟語は辞書にもありませんが、「推測」と同義です。

地裁の判決文は後半で記載します。

私がお金を持ち去ってしまったことで、殺人についても濃厚な嫌疑をかけられていることは承知していましたが、栗山と杉浦にも動機は十分有ります。

事件発生当初、警察は栗山と杉浦を有力な容疑者として取り調べていながら、十分なアリバイ捜査をしないまま二人の捜査を打ち切り、容疑者リストからはずしてしまったのです。

なぜ二人を早々と捜査対象からはずしてしまったのか。それは、彼らの取り調べを始めて数日後には私の名前が浮上したことで、海千山千で警察ずれしている二人を相手にしているよりも、警察としては私のほうが与し易しと見て、標的を私一人に絞ったのだと思います。

そして、警察へ強制連行されてからのことは、これまで述べてきた通り身体的、精神的拷問によって虚偽自白を強制されたわけですが、私がいまだに釈然としないのは、あれ以来、杉浦がどこに消えてしまったのか？　ということです。

拘置所に収容されていたのは事実だし、公判出廷のため裁判所へ通うバスに乗り合わせたことも事実なのに、その後の弁護団の調査にもかかわらず、杉浦が裁判を受けている事実を見出だすことができなかったのです。これはどうしたことなのか、いくら考えても答えは出てきません。ミステリーです。

ただ一つ考えられることがあるとすれば盗聴です。杉浦の件については弁護人面会で何度か話していたので、会話を盗聴されて検察に通報していたのではないかという考えです。憶測ではありますが。

しかし、横浜拘置支所には盗聴の前歴があるので、盗聴など絶対ありえない、とまでは言い切れません。弁護人も、盗聴には気をつかっているようでした。

私は電気工事が専門だから分かるのですが、弁護人と面会するときの部屋の天井には、盲プレートが二か所と、ノズルプレートが一か所取り付けてありました（当時）。プレートの裏側、つまり天井裏には必ず電気ボックスがあって、配線の中継ボックスの役割をしたり、プレートをはずせば用途に合わせた機器の取り付けが可能です。

盲プレートは強電、弱電のどちらにも使いますが、ノズルプレートは中央に一〇ミリぐらいの丸い穴が空いていて、電話やインターホンなど主に弱電用に使います。要するに、ノズルプレートの裏側のボックスに盗聴器を仕掛けるのは容易だということです。

私はいつも、あのノズルプレートがとても気になっていました。何のために、あんなところにノズルプレートや盲プレートがあるのかと。

杉浦のことについては、弁護人宛ての手紙にも書いていたので、手紙をコピーして、盗聴と合わせて検察へ送っていたとしたらどうなるだろうか。

事件発生当初は、杉浦は重要参考人で、有力な容疑者の一人として、栗山と共に警察の取り調べを受けていた男です。警察は二人のアリバイ捜査を十分行わずに途中で捜査を打ち切ってしまったけれど、事件当日、朴夫妻が殺害された直後と思われる時間帯は、梅田商事から出て来た男が、拘置所で目撃された男と同一人物で、しかも、警察が有力な容疑者の一人として取り調べていた「杉浦」とも合致するとなれば、検察にとっては大変な失態を犯したことになります。

私が武藤刑事に、梅田商事から出てきた男の話を始めたとき、米田刑事が横槍を入れて話を中止させたり、山本検事は、この話に全く関心を示さず、耳を傾けようともせず、ただひたすら、「秘密の暴露」を引き出したいと躍起になっていて、他の事はどうでもよかったのかもしれません。

それだけ私を責めに責めたけれど、知らない事には答えようがないのですから、結局、何一つ得ることができずに、仕方なく勾留期限ぎりぎりの日になって、米田調書に色付けをした程度の調書を作成して、強引に起訴したという経緯もあることから、裁判も進行している今になって、真犯人と覚しい人物に出て来られては困るわけです。

検察としては、たとえ真犯人が別にいるとしても、一旦起訴した以上は何が何でも、その者を真犯人として有罪に持ち込まなければならない、というのが検察組織にとっての不文律だから、自分が真犯人だと向こうから名乗って来ない限り、怪しい人物が現れたとしても、検察は再捜査することはないでしょう。

そして、検察にとって不都合な証拠は組織ぐるみで隠ぺいするでしょう。検察とは、それくらいのことは平然とやってのける組織だということが、今に必ず、広く世間に知られる日が訪れるでしょう。

既に記述した福岡地裁の情報漏えい事件がその一つと言えます。ともかく、杉浦に出られては困る。その為には、杉浦を隠す必要があった。盗聴や手紙による情報から危機感を持った検察が杉浦隠しに動いたとしても、決して有り得ないことではないと思うのです。

こんなふうに書くと、それはもう憶測というより妄想だ、といって笑う人がいるかも知れない。しかし権力という巨大な怪物は、それくらいのことはやり兼ねない気がします。

そうでも思わなければ、杉浦が消えてしまった事実をどう理解したらいいのか、自分を納得させることができません。

杉浦については、一九九四（平成六）年二月二四日、第四七回公判において、証人尋問を行う予定でいたのですが、「本人病死のため取り消し」という事態になってしまった。それを公判の場で知らされたのですが、そんな大事なことがなぜ開廷当日まで分からなかったのか。検察と裁判所は、もっと以前に分かっていたのかもしれない。

あの事件当日、梅田商事から出てきた男と横浜拘置支所内で約二年の間に三度顔を合わせたスギウラという男が、あの日の法廷に現われるはずだった「杉浦M」なる男と一致するかどうか、当日は半ば昂奮気味で待ち構えていただけに本当にがっかり、というよりショックだった。ついてない！

梅田商事の前と拘置所内で目撃した男。そして出廷する筈だった「杉浦M」とが同一人物であることが判れば、私にかかる殺人の嫌疑は限りなく無罪に近づく筈だっただけに、返すがえすも残念でなりません。

ここまでは主として警察・検察への批判を加えつつ違法で過酷な取り調べ状況と、主任弁護人・大河内秀明先生の著書（前出）の中より一部引用しつつ裁判所・裁判官に対する批判（弾劾と言ってもよい）、そして第一発見者とされる「栗山」と、金融ブローカーの「杉浦」、この二人の犯人性について述べて参りました。

ここからは自分の強盗殺人の嫌疑がかけられ、犯人とされた理由について述べたいと思います。ではなぜ架空の融資話をすることになったのか、その経緯について述べてまいりますが、自分のペンで書けば自分に都合のよい筋書きになっているのではないかという印象を読む人に与えかねないので、ここでも大河内先生の著書から引用させていただくことにしました。

以下引用文です。

事件前日までの経緯
「以下の記述は、朴が杉井明に対する融資を六月二〇日に行うことを決めたいきさつであるが、有罪判決の決め手とされた最も有力な状況証拠にあたる部分なので、第四八回公判（一九九四年一二月八日）における、被告人質問に対する高橋の供述を基に構成したものである。

なおこの公判廷供述は、弁護人の指示に基づいて、高橋自身が事件後のまだ記憶が新しいときに書き留めておいたメモを、供述の前に目を通して記憶を確かめたうえで行っているので、事件後六年以上経っているにもかかわらず、その内容はかなり正確であるといってよい。

高橋は、一九八八年五月一八日、渡辺洋信に朴を紹介され、渡辺の保証で朴から五〇万円を借りた。これが高橋が朴に会った最初であった。

同月二六日頃、高橋は一人で梅田商事を訪ね、五〇万円を借りた。このとき、朴から、「不動産を持っていて、女とか博打に狂い、金に困ってる人がいたら紹介してくれ」とか、「戸塚の百姓から、土地を取ったこともずいぶんある。つい最近も、何千万かの物件をもう少しで取れるところだったが、相手の親戚が金を出したので失敗した」などという話を聞かされた。

三回目に借りに行ったのは六月六日で、このときは六〇万円借りた。このときも、前に話した何千万かの物件を取り損なった話を聞かされ、また「金に困っている人がいたら紹介してくれないか。うまくいけばお礼をするから。実は娘の亭主が以前は手伝っていたんだが、これが役立たずなんだ。高橋さん、少し身を入れて手伝ってくれれば、いい金になるよ」などといった話をするようになった。

三回目の借金の返済は六月一三日の約束であったが、この日は半金の三〇万円しか用意ができなかった。それまでたびたび借りていて、極りが悪かったうえ、約束の半金の三〇万円しか用意できなかったため、梅田商事へ向かう高橋の気持ちは、ともすれば重くなりがちであった。

梅田商事への道すがら、高橋は、半金しかできないことの言い訳や、朴のご機嫌を取るのに何かいい話はないものかと、考えるともなく思案しつつ車の運転を続けていた。

そのようなことが頭にあったからであろうか、梅田商事に着いて朴の顔を見た途端、次のような言葉が、思わず高橋の口をついて出てしまった。

「実は自分の友人にこういう人間がいて、『会社の金を八〇〇万くらい使い込んで困っている。どっかで都合がつけば欲しいな』、なんて言ってましたよ」

それは、朴から何度も儲け話の手口を聞かされていたことが頭の隅にあって出た作り話であった。しかし、いかにもふだんから朴の頼みを心がけているという印象を与える効果があった。

高橋としては、ただ単に朴の歓心を買おうと思い、自分の会社の従業員である杉井明が横浜市戸塚区に不動産を所有していて、これまでにも高橋が融資を受けるとき、何度かその不動産を担保に利用させてもらっていたことから、杉井を知人ということにして、チラッと作り話をしたにすぎなかった。

これは、約束の半金しか返せないことで気が引けたこともあって、前々から繰り返し朴にそのような客の紹介を頼まれていたことから、いかにもそのようなことを心がけているそぶりを見せて、朴のご機嫌を取り結ぼうと思っていたところから、思わず口をついて出た話であった。

ところが日頃からそのような客を探していた朴は、被告人の思惑に反して、思いのほかこの話に関心を示し、がぜん身を乗り出してきて、さらに詳しい話を聞きたいと言い出した。高橋はそんな朴に対して、まさか作り話だとも言えず、「実はそれは杉井明という男で、埼玉の方へ単身赴任していて、戸塚のこういう所に奥さんと娘が住んでいる。どこかで都合がつけばお金が欲しいような、そんな話しっぷりでしたよ」

朴は「ああそう、じゃあその登記簿謄本を取ってみてよ」と言い出した。

高橋は弱ったなあと思い、なんとか朴にこの話を諦めさせる方法はないものかと考えたが、咄嗟によい考えがうかばず、「私はそういうところへ行ったこともないし、謄本の取り方もわかんないですよ」と答えた。

すると朴は、「じゃあ、明日は事務所が休みでちょうどいいから、一緒にその登記簿謄本を取りに法務局に行きましょう」と言って、一方的に決めてしまった。

高橋としては、思いがけない方向に話しが進み、うろたえたものの、いまさら作り話だというわけにもいかず、戸惑いつつも朴の話に合わせるほかなかった。結局、法務局に一緒に行って謄本を取る羽目になってしまった。

そして翌一四日、高橋は、戸塚駅近くで朴と会って、高橋の運転する車で横浜地方法務局戸塚出張所に向かった。そこで高橋は、朴に教えられるままに杉井の所有不動産の登記簿謄本と公図を取った。

その後、朴が帰るものと思って戸塚駅に車を走らせていたところ、朴は今度は物件を見ておきたいと言い出した。仕方なく杉井の家の近くで車を止め、高橋は車に残り、朴だけが車を降りて物件を見てきた。

物件を見終って車に戻った朴は、今度は「不動産屋のところでちょっと停めてくれないか」

と言い、近くの不動産屋に寄ることになった。朴は不動産屋でその辺りの地価などを聞き出した。

それからようやく戸塚駅に車で送ることになったが、車の中で、朴は「高橋さん、これ何とか仕事にならないかな。これもらっちゃおうよ」と言い出した。

高橋が「いや、そういうわけにはいかんでしょう」と言うと、朴は「それじゃ八〇〇万よりもっと出すよ。高橋さんいくら欲しいの。杉井さんが保証すればあなたにも貸すよ」と興奮した口調で、高橋の気を引く話までもち出して説得にかかった。

高橋としては、当初、朴の歓心を買おうとして、ほんの思いつきで話題にしたに過ぎなかったのに、朴が乗り気になってだんだん話が思わぬ方向に進んでしまい、内心困ったことになったと思いつつも、むげに断るわけにもいかず、その場の返事としては仕方なく、

「できれば私も二〇〇万くらい、貸してもらえれば……」と言葉を濁しながら答え、話を合わせた。

すると朴は、たたみかけるように勢い込んで「とにかく杉井さんに話してみなさいよ。聞いてみなさいよ」と言い、高橋も、「とにかく話を聞いてまた連絡しますから」と応じて、この日は別れた。

高橋は、連絡するとは言ったものの、元々でたらめな話なので途方に暮れ、連絡しないまま放っておいた。すると一日置いて一六日だったと思うが、朴の方から電話があって、「どうだった高橋さん、話になったかい」と言うので、高橋は、とっさに金額をつり上げたら朴があきらめるかもしれないと思い、「いやあ、話はしましたけれども、『彼も人の保証どころじゃなく、

それに自分（杉井のこと）も八〇〇万なんて金額じゃなくて、少なくとも一四〇〇万は欲しい、借りたいんだ』と言うんですよ」と言ってみた。すると朴は「一四〇〇万！」と言ってしばらく絶句してから「一二〇〇万円くらいで、高橋さん、どうだろう。ローンがまだちょっと残っているみたいだから。それでどうだ」と聞いてきた。

高橋は、「私に『どうだ』って言われても困るんですが、一応聞いてみますよ」と答えると、朴は「なるべく早く聞いて返事をくださいよ」とたたみかけてきた。

その時はそれで終わったが、夜になってまた朴から電話があり、「高橋さん連絡ついたかい」と聞いてきた。

このときのやりとりは、

高橋「連絡はつきましたけども……」

朴「どうだった」

高橋「『一二〇〇万円しか出ないなら、それでも仕様がないかなあ』というようなことで、借りたいのは借りたいらしいけれども、一二〇〇万円で決めるかどうかってことは、まだ決断がつかないみたいですよ」

朴「高橋さん、こういう話は間を置いちゃだめだよ。相手がその気になったら、もうどんどん進めなくちゃ」

高橋「分かりました。とにかく話をつけて、また連絡しますから」と続けた。

高橋は、そのままほうっておくこともできず、六月一七日の午前中、出先から朴に電話を入れた。高橋の方から朴に、杉井の件で電話をしたのはこれが初めてであった。

するると朴は、「高橋さん、ちょっと事務所の方に来れないかな」と言い、午前一〇時頃、高橋は事務所を訪ねた。しかし高橋としては、このときもあいまいな返事をして、話を合わせていた。

「杉井本人は、とにかくお金が欲しいんだけども、一二〇〇万ではどうか、ということで、決めかねているようです」

「ともかく高橋さん、これ早く話を決めて、話が決まったらね、分け前は一二〇〇万円を差し引いた残りを四分六でどうだ」

高橋は、この時、朴が不動産を取ろうと本気で考えていることを知り、内心驚いたが、「初めてこういう仕事を手伝うんですから、分け前なんて結構です。私はただお金を貸していただければそれでいいんです」

「高橋さん、そんな人のいいことばっかり言っているからね、いつもお金に困るんだよ」

「でも、知り合いの人の不動産を、いくらなんでも私が間に入って取っちゃうというわけにもいきませんから」

「まあとにかくやり方はいくらでもあるから。高橋さん、あなたは口出ししなくていいから、私に任せておきなさい」

高橋としては、作り話が思わぬ方向に進展して困ってはいたものの、四分六の分け前の話まで出てきたので、分け前の分を先に貸してもらえるような方向に話をもっていけば、ひょっとしたら三～四〇〇万円の借り入れはできるかも知れないという期待をもつようになった。

資金繰りに窮し、金の必要に迫られていることもあって、はっきり断る決心がつきかね、事務所を出てからも、その期待をなんとか現実のものにすることができないかと、あれこれ思案しているうちに、それは次第に見込みのありそうな話に思えてきた。

そして結局、その日の夕方、今度は高橋の方から、朴に電話をして、杉井が一二〇〇万円で承諾したというふうに伝えた。

すると朴は、「それじゃ、高橋さんの件とは別にしても、杉井さんの方はすぐにでもいいよ」と答え、明日にでも構わないという口振りだった。

これに対して高橋が、一八、一九日は仕事が入っていてどうしても手が離せないし、それに明日、明後日は土、日じゃないですか、と言うと、「ああそうか、それじゃあまずいなあ。じゃあ二〇日でどうだ」と言った。

このようにして、取引は二〇日、月曜日の午前中と決まった。

そしてその時、朴は、実印、印鑑証明書、権利証など、融資手続きに必要なものを、杉井に忘れないで持ってくるよう高橋に指示した。（以上、大河内前掲書より引用）

この架空の融資話を、途中でうまく躱して、社長にあきらめさせる機会がまったく無かったわけではないのですが、これからも融資のうえで世話になることがあるだろうし、話の仕様によっては、社長の機嫌を損ねて、半金しか返せなかった残りの三〇万円を今すぐに返せと言われたら困るし…

…という思いもあって躊躇しているうちに、社長の方から分け前の話をなんとか利用できないものだろうかと、考えるようになってしまったのです。

この融資話に杉井は絶対に来ないのですから、取引が成立することは万に一つもありません。そこで私は、社長をだまそうと考えたのです。それだって成功するとは限らない危うい話なのですが、もしもうまくいって、たとえ一時的にでも、三～四〇〇百万の金を借りることができれば、とりあえず急場を凌ぐことができる。今しばらく会社を存続させることができさえすれば、その間に会社を立て直す方策を考えれば……と。後から思えば甘い考えだったのですが。

では、どんな口実で社長をだまそうとしたのか、公判での被告人質問で供述したのは次のようなことです。

「社長は、杉井の不動産を取るためには、『やり方はいくらでもある。あなたは口出ししなくていいから、私にまかせておきなさい』と言っているのだから、こう言うつもりでいました。『社長、私がいないほうが取り引きがやりやすいでしょう。私も、杉井の不動産が取られるのを本人の前で見ているのはつらいので、分け前の分というのではありませんが、どうでしょう、先に三～四〇〇万ほど貸してもらえませんか。もちろんいつもの通り担保として小切手を出します。そうしてもらえれば、そのお金をとりあえず先に銀行へ振り込んできたいので、その間に取り引きを済ませてもらえれば、私も少しは気が楽なんですが』と。

うまくいくかどうか確率は非常に低いけれど、もし社長が私の話に乗ってくれて、お金を出してくれたら小切手を渡し、『それじゃ、まもなく杉井が来るはずですから、うまく話をつけてください』といって外に出ますが銀行へは行きません。

しかし、いくら待っても杉井は来ない。私も戻らないということになれば騒ぎが大きくなるので、私は、お金を振り込んできたように見せかけて、一旦事務所に戻ります。しかし杉井は来ないのですから、頃合いを見計らって杉井の家に電話を入れます。しかし奥さんはパートに出ているし、娘さんも勤めに出ているので誰も電話には出ません。それは承知の上で、間を置いて二、三度電話してから、『だれも出ませんね。気になるので、杉井の実家など心当たりを二、三当たって連絡を入れますから、もし入れ違いに杉井が来たら、予定どおり取り引きを済ませてください』そう言って事務所を出て、あとは成り行きにまかせるしかないだろうな、という考えでした。

しかし、いくら待っても杉井は来ないし、私からも何の連絡もないということになれば、社長が怒って電話をしてくるのは目に見えているし、金を返せと迫ってくるでしょうから、そのときは、担保として渡してある小切手を振り込んでもらうことになりますが、当然不渡りですから、社長は激怒して、債権の取り立て屋などを使って強硬に取り立てにくるでしょうけれど、そのときはその時のことだ、という考えでいました。

あまり先々のことまで考えても、成り行き次第でどうなるか分からないと思ったからです。」

以上が公判供述のあらましですが、尋問は一問一答式なので、分かり易く順序立てて記述したつもりです。

事件当日、午前一〇時半ごろ、梅田商事へ電話すると社長が出て、「ああ高橋さん、なるべく早く来なさいよ。午前中に済ませたいから。高橋さんの分も用意してあるよ」と言ってくれたので、「そうですか、それじゃ、よろしくおねがいします」と言った時に、「ガチャ」という音がして通話が切れた。このときは、社長の手から受話器がすべったのだろうぐらいに思っただけで、特に気には留めませんでした。それよりも、社長が私の分も用意してあると言ってくれたので、考えていたような危なっかしい話は出さないですみそうかな、と一瞬思ったけれど、しかしその用意してくれたお金（金額は分からない）を、杉井が来る前に借り出すためには、やはり、先に考えたような話をしてみるよりほかに方法はなさそうだな、と思いながら、知人や仕事の関係先など三か所へ電話をして、梅田商事に着いたのは、一〇時五五分を少し回った頃でした。事務所に入ってからのことは、これまで縷々述べてきた通りです。

架空の融資話をしたことや、犯行時間帯に現場へ赴いたことなどから、嫌疑が濃厚と思われていたことは、私も十分認識しております。しかしそれは、先にも述べたように、借金返済日に約束の半金しか返済の目途がつかなかったことから、朴社長のご機嫌を取り結ぼうとして、深い考えもなくもらした架空の融資話に社長が飛び付き、一方的に、現実的なものに話をひろげていってしまったのです。それは、私に抗う隙を与えないほど強引なものだったのです。

この話がうまくいったら、高橋さんにも四分六で分け前をやるよ、という社長の言葉に、私もしまいには、それなら逆にこの話を利用して……と考えていたことは否定しません。

杉井の件が成立することは万に一つもありえないのですから、なんとかして社長をうまくまるめ込んで、三〇〇万か四〇〇万を借り出すことができたら、後のことは成り行き次第だ。もともと作り話なのだから、うまくいかなければ諦めればいいのだから、という程度の気持ちだったのです。

人を二人もころして金を奪おうなどとは、考えも及ばないことでした。

白昼、しかも通りに面し、ガラス戸の向こうから事務所の中が見える状況の中で、単独で犯行に及び二人をころすことができたとしても、間違いなくお金が手に入るとは限らないし、犯行がバレないという保証もありません。

当時の私は、たしかに資金繰りに困ってはいましたが、ばれたら死刑ということを考えたら恐ろしくて、リスクが大きすぎて、家族や自分の一生と引き換えにしてまで、お金を手に入れたいと思ったことなどありません。犠牲が大きすぎて、強盗殺人など考えの先をかすめたこともありませんでした。

夫妻が倒れていた座敷は整然としていて、争った形跡がまったくなかったそうです。私は気が動転していて、そこまでの目配りはできませんでしたが、警察の捜査で分かっています。

そして亡くなった奥さんの体には、胸部、背部合わせて六〇か所以上の刺し傷があり、誰の目にも、怨恨による犯行は明らかでした。

状況から見て、警察でも怨恨による複数犯の犯行として捜査していました。

私は、約一か月半前に金融の客となり、その間に三度融資を受けただけで日も浅く、奥さんとは特に言葉を交わしたこともないのです。社長に対しても、奥さんに対しても、恨みをいだく動機がありません。恨もうにも恨みの源泉がないのですから。

人間に限らず、生きとし生けるものの命の大切さは、何ものにも換え難いことを私は識っているつもりです。

小学校低学年の時に引き取って養育した二人の甥にも、生きものを飼育させることによって生命の愛しさ、大切さを説いてきました。

人をころすということは、ゴキブリをころすのとは訳がちがうのです。強盗殺人など夢にも考えたことはないし、またそんな度胸も私にはありません。

犯行現場の、とりわけ奥さんが殺害されたとされる便所内は血の海で、血しぶきは便所内だけではなく座敷の壁にまで飛んでいました（現場見取図参照）。

そして現場の事務室のPタイルの床には、犯人が血の付いた靴で歩き回った足痕跡と血痕跡があちこちに残っていたことが鑑識の調べで分かっています。

私が犯人なら、全身に返り血を浴びていなければならないし、靴を脱ぐのも忘れて土足のまま座敷にとび上がった私の靴底には、相当の血が付着していなければなりません。そしてその靴底の血が、私の車の運転席のマットに染み込んでいるなど何かしらその痕跡がある筈です。

しかし、県警の鑑識による入念な血液反応検査にもかかわらず、車の中からは全く反応が無く、痕跡一つ検出されていません。

また私が奥さんを殺害したのなら、座敷の壁にまで血液が飛散している状況から考えても、かなりの返り血を浴びていてもよさそうなものですが、私の着衣に返り血の染みなど一点もありませんでした。

私が現場を立ち去る時、事務所を出た出会いがしらに、六～七人の鶴見高校の学生たちとすれ違っています（現場付近図参照）。出会い頭だったので、その中の二、三人と顔も合わせています。

私の全身が返り血で汚れていたら、この生徒の中の一人や二人は気付いた筈です。真ともに顔を合わせているのですから。

刑事らが鶴高でも聞き込み捜査をしていますが、返り血の男を見た、というような情報は得られていません。

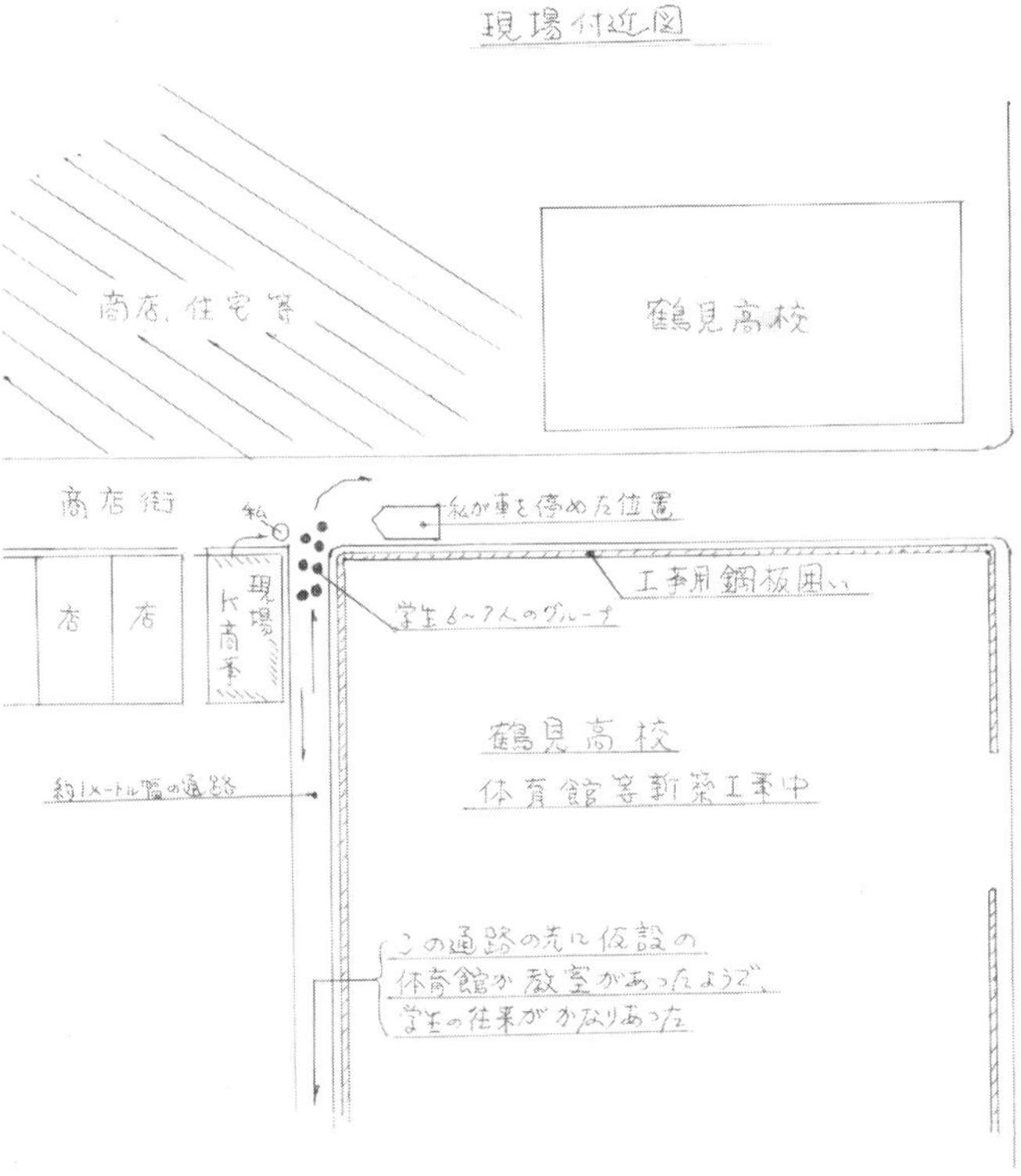

朴社長が「役立たず」と言っていた娘婿の高岡順（仮名）が、朴社長のひととなりや、朴社長をとりまく人物らについて、調書や法廷証言で語っていることを書いておきたいと思います。

これは、当事件と微妙な係わりを含んでいる内容でもあるので、より正確に伝えたいと思い、あえて大河内主任弁護人の著書（前出）より転記します。

娘婿の高岡順（仮名）は調書や証言で「義父は仕事に厳しく、気性は短気で激しいほうでした。私は、義父の仕事を手伝ったこともありましたが、折り合いが合わず、妻子を連れて夜逃げ同然に義父の元から離れました。そしてその後かなりの間、連絡を取りませんでした。当時、客を探してくる口利きの人が、平塚市内の暴力団事務所の事務員の飯沼喜和（仮名）、平塚の不動産業者の藤井卓（仮名）、ブローカーの鳥海信也（杉浦＝大河内書での仮名）、それに不動産業者らしい鬼沢芳雄（仮名）と四人くらいいました。この人たちは、客を紹介すると、自分たちが義父から借りている金の利息の返済にあてたり、紹介料をもらったりしていました。義父は、杉浦のことを『ペテン師』だとよく言っていました」と述べている。

さらに被害者の第一発見者となった栗山は、朴の仕事を三か月間手伝ったものの、わずか四万円もらっただけでやめ、近所の雑貨屋で、もらう金が少ないと言ってはしょっちゅう愚痴り、また悪口も盛んに言っていたという。見かねた雑貨屋の主婦が、朴にとりなそうかと提案したくらいだという。

梅田商事の手伝いをやめたあと、雑貨屋の主の営む配管工事の手伝いをしばらくしている。

もっとも高岡順によると、栗山は、単なる使い走りしかできず、朴も「怠け者で、まったく仕事の役に立たない男だ」と軽蔑していたという。

また杉浦も調書の中で「事件の三年前頃私が詐欺罪で捕まったとき、一五〇万くらい借りていましたが、服役する前にほかから借金したり預けていた指輪などで返済したつもりです。

事件の五日前に五〇万円取り立ててきたとき、梅田さん（朴）は謝礼を出そうとしないので、私が『それはないよ』と不平を言うと、やっと『お前にいくらやっかな、これでいいかな』と言って、二万円くれました」

杉浦はこのほかにも、「私が裏書保証した三〇〇万円の手形のため、梅田さんから折にふれて『返せ』と言われ、また何かというと電話一本で呼びつけられて、いろいろな仕事をやらされ、ずいぶん困っていました」

などと供述している。（以上、大河内前掲書より）

こうして見てくると、栗山にも杉浦にも、事件を起こす動機は十分あったと思われるし、しかもこの二人にはアリバイがありません。

もちろん、架空の融資話をしたうえに、一二〇〇万円の大金を持ち去った私にかかる嫌疑が一番濃厚と思われていることは、度々述べてきたとおり十分認識していますが、人を二人も殺めてまでお金を奪おうなどと思ったことなど意識のうちをかすめたこともありません。

当時は、たしかに資金繰りに窮してはいましたが、どうしても金策がつかなければ、後の整理が大変ではあるけれど、会社を倒産させる覚悟でもいたし、個人的には自己破産ということも考えのうちにありました。

横浜地裁での審理――公判記録から

いろいろ述べて参りましたが、ともあれ裁判は開始されました。
以下、公判記録より抜粋します。

第一回公判・一九八八（昭和六十三）年一一月一日、裁判長・和田保裁判官
手錠に腰縄を打たれ、刑務官に誘導されて法廷に入ると、真っ先に大勢の傍聴人の姿が目にとび込んできた。衆人環視の中で晒し者になっているような気持ちと緊張感で、身も心もかちかちになり、顔を上げることができなかった。
この日は検察官による冒頭陳述と罪状認否が行われた。当然のことながら、罪状（強盗殺人）については身に覚えがないと否認。裁判長が「ほう！」といったのが聞こえた。
本日は以上で閉廷。

第二回公判・一九八九（平成元）年一月九日、裁判長・杉山忠雄裁判官
本日は特に調べはなく、裁判所の構成が替わったことと、次回公判の手続きのみ。

第三回公判・同年二月六日、証人尋問、検察側証人として県警本部鑑識課員の証言。

この日から検察、並びに弁護側双方の証人尋問が一九九四（平成六）年二月二四日、第四一回公判の山本検事に対する証人尋問まで続くが、その間、第二八回公判・一九九一（平成三）年一一月二一日は、弁護側が再鑑定人として内藤道興教授について、裁判所がこれを採用するか否かが焦点であったが、特に進展もなく終わってしまった。

第二九回公判・同年一二月二四日

本日も特に進展はなかったが、杉山裁判長は閉廷間際に、大河内弁護人の方を向いて、内藤教授を鑑定人として採用するというニュアンスのある言葉を残した。

弁護人は、渋る裁判所に対し申請補充書や意見書、再補充書、再々補充書などを次々と提出し、内藤教授が経験と実績において最適任者であることを、熱意と誠意を込めて申し立てて来ているだけに、杉山裁判長のこのひと言が、クリスマスイブのこの日、裁判長からのプレゼントとして、現実になってくれたらと切実に思った。

一九九二（平成四）年一月五日、

内藤道興（藤田保健衛生大学医学部法医学教室主任教授）を鑑定人として選任する。

右鑑定人を次回公判期日に尋問する。

平成三年一二月二七日

とする決定通知が届いた。やった！という思いであった。大河内弁護人が最初の申請書提出から一年半以上かかったのではないだろうか。根気強く申請し続けてくださった大河内先生に感謝すると共に、矢張り裁判官を動かすのは、弁護人の熱意と確信と誠意なのだと思った。もっとも、よこしまな心を持った裁判官に期待するのは無理だろうけれど。

杉山裁判長は、内藤教授を鑑定人として選任したことを置き土産として、転出して行かれた。時間はかかったけれど、最終的に決定してくれた杉山裁判長にも感謝。

第三〇回公判（一九九二年一月一六日）では、内藤道興教授を再鑑定人とするため、内藤教授も出廷して選任手続が行われた。このときの公判は、坂井智裁判官が裁判長であったがこの一回のみで、第三一回公判から第五七回公判・論告―弁論（結審）まで上田誠治裁判長になる。

この第三〇回公判の後、二月から一〇月まで公判がなく、再鑑定に時間がかかっている模様で、この分では年内の公判はないのかもしれないと思っていたところ、一二月二四日午前一〇時に開廷する旨、裁判所より通知が届く。またもやクリスマス・イブだが……

第三一回公判・同年一二月二四日

今回から裁判長交替、上田誠治裁判官になる。そのための手続と、次回は内藤教授を証人として召喚することを決定。公判は数分で終る。次回第三二回公判は一九九三年二月二二日午後一時一〇分開廷と決定。

上田誠治裁判長の公判指揮は、五七回公判（結審）まで続くことになるが、彼の悪質ぶりは、これまで縷々述べてきているので、公判記録の多くを割愛する。

第四七回公判、一九九四（平成六）年二月二四日
本日は杉浦Mを証人として尋問する予定になっていたのだが、本人死亡のため取り消しになってしまった。
あの事件当日、梅田商事から出てきた男と、横浜拘置支所内で三度顔を合わせているスギウラという男が、本日の法廷に現れる杉浦Mなる男と一致するかどうか、半ば昂奮気味で待ちかまえていただけに残念でならない。

第四八回公判・一九九四年一二月八日、午後一時一〇分開廷。

本日は、第四二回、第四三回公判で弁護側の被告人質問以来中断されていた質問の再開である。

大河内先生による質問が午後四時三〇分まで続いた。このあと次回公判日程の協議があり、これで閉廷かと思ったところ、検事から成傷器（凶器）の「再々鑑定」を請求するという意見がとび出した。これは意外であった。なぜ今頃になって？　という思いだ。

内藤教授の証言から一年二か月が経過し、弁護側の立証活動に入り、結審も真近と思われるこの時期の請求は不自然である。面妖と言ってもいい。

この唐突とも思える再々鑑定の請求は、被告人を有罪とする確たる決め手が外に無く、破れかぶれの発想としか思えない。

この時点から、上田裁判長が悪の本性を現わすのだが、この前後の経緯については、先に大河内弁護人の著書から引用して詳細に記述した通りなので、ここでは触れません。

第四九回公判・一九九五（平成七）年一月九日　被告人質問

昨年の第四八回公判からの引き続きで、弁護側の質問であるが、それに先立ち、検事が裁判所へ提出した「再々鑑定」の請求について、弁護側から意見書の提出と陳述がなされた。意見書の内容は検察と裁判所の対応を厳しく批判しつつ憲法問題にまで踏み込んだ痛烈なものであった。

第五〇回公判・同年一月二三日

第五一回公判・同年二月六日

　ここまで弁護側の質問

第五二回公判・同年二月二〇日

第五三回公判・同年三月二日

右の二回が検事の質問でした。検事の質問がひと通り終わったところで、裁判長から質問があったのですが、私は答えようがなくて、どう答えたのかよく覚えていない。裁判長はこう質問したのです。

「当日（事件当日）はさしせまってそれほどの大金は必要なかったのでしょう。借りられるとしても、三〇〇万か四〇〇万だったのだから、なぜ必要なだけ取って来なかったの」と。

　裁判長は、全額持ってくる必要はなかったのではないか、と言うが、これは裁判長の言葉とも思えない。資金繰りに追われている者があれだけの大金を目の当たりにしたら、どんな心境になるか、心理学者でなくても、その時の人間の心理くらい分かるのではないだろうか。

　なかには裁判長の言うようにていねいに数えて、今自分に必要なだけ頂いてくる律儀なドロボーもいるのかもしれないが、人が二人も死んでいる異常な状況の下で、「必要なだけ……」と悠長に札をかぞえる余裕など私にはなかったし、そんな考えは頭の隅にもなかった。それよりも、一刻も早くこの場を去らなければという焦る気持ちでいっぱいでした。

　裁判長ともなれば、卓越した洞察力の持ち主だと思っていたのだが、この程度の人間の心理状態が読めないようでは、これまで弁護団が積み重ねてきた無実の立証をどう受けとめているのか甚だ心もとない。

　公判も回をかさねて大詰めを迎え、結審、そして判決も真近と思われるこの時期、上田裁判長には到底期待できない。

　上田裁判長の訴訟指揮が大きく検察側に偏っていることは先刻承知だけれど、再々鑑定人に当たってもそうであった。

　二月六日の第五一回公判時に裁判長が、来週中（二月一三日〜一七日）に検察官、弁護人双方がそれぞれ推薦する鑑定人リストを提出するようにということだった。弁護人は直ちに複数名の鑑定人リストを裁判所へ提出したが、検事は二月二〇日の公判当日になっても、一名の候補者リストもないのである。二、三の法医学者に打診したが全て断られたので現在、別の方面を当たっているという回答であった。

本来ならば裁判長が決めた期限までにリストを提出できなかったのだから、二月二〇日の時点で、もはやためらうことなく、弁護人推薦の鑑定人に決定すべきであったにもかかわらず裁判長は、「それではなるべく早く今週中にでもまとめてください」と言ってその決定を遅らせたのである。露骨なまでに検察に肩入れする行為だ。

証拠調べ

三月一六日の第五四回公判は証拠調べであった。

成傷器（凶器）とされているバールについての調べでしたが、米田刑事の取り調べの中では、バールは、最終的にはゴミの集積場所に捨てたことになっている。

回収されたゴミは焼却場に運ばれて焼却され、燃え残った物は全て灰とともに鶴見区の大黒埠頭の埋め立てに使われているということであった。警察は埋め立て地を捜索した結果、それと覚しきバールを発見したとして、証拠品として提出していたのです。

しかし、弁護側の証人として大黒埠頭の埋立て現場で働くブルドーザーのオペレーターは、平成三年の第二七回公判で、「焼却場から運ばれてくる灰やゴミの中には、バールに限らずハンマーやナイフ、ドライバー、スコップなど種々な物が混っている」と証言しています。

問題のバールは、今回の証拠調べで初めて見せられたのですが、見た瞬間、おかしいと感じました。何がおかしいかというと、示されたバールは新品なのです。摩耗状態を見れば新品かそうでないかは分かります。新品のバールを家庭用のゴミ焼却炉かバーナーで焼いてこしらえた物と私は見た。

それにそのバールは幅が狭く肉厚も薄く、こんな細身のバールで人が殺せるものかと思った。

私を強制連行した初日の調べで、横平刑事はこう言ったのだ。

「この野郎。人を殺したバールを何食わぬ顔で、また仕事で使っていたんだろう」と。

そしてその後の取り調べで米田刑事は、バールを入れている工具箱を車（ニッサン・キャラバン）の荷台の最後部の所に置いた図を画かせ、そこから取り出して犯行に使用したという調書を作っていたのです。

私のバールは、示された物より肉厚もあるし幅も広く、長さもあり、二〇年以上使っていてすっかり磨り減っています。新品のバールなど一丁も持っていません。目的のために新品を買い求めたのでは……という考え方もあるでしょうが、それだったらあんな細身のバールなど買ったりしない。

私がふだん仕事で使っているバールを犯行に用いたというシナリオを彼らは作っておきながら、新品のバールに偽装をほどこして、証拠品として提出したのだ。

警察は二重、三重の「でっちあげ」をしたことになり、卑劣としか言いようがない。

裁判官の目は誤魔かせても、私はだまされない。

車は押収していたのだから、工具箱を見れば、バールの古さと形状が分かるのに、伊藤医師の示喫通りの物を用意していたのだから笑ってしまう。「墓穴を掘る」とはこういうことか。

第一部で紹介した「控訴趣意補充書」の中で書いたとおり、埋め立て場から発見されたというバールを、取り調べ中に一度も示したことはなかったのです。示したくても無かったのだと思います。


一九九五（平成七）年三月二〇日、裁判所より決定通知が届く。

成傷器の再々鑑定人として、日本大学医学部教授、押田茂實を指定する、という決定通知だ。

押田教授は、弁護側の推薦リストの中の一人であるが、検事との間の紆余曲折を経て、最終的に裁判所が決定した鑑定人である。検察は結局、交渉したすべての鑑定医に断られ、一人も推薦することができずに、大河内弁護士に電話で泣きついてきたという。

検事は、弁護人推薦の押田教授にお願いしたいのだが、ついては押田教授と面会してもよろしいか、という打診があったと聞く。大河内弁護士としては、押田教授を推薦したからといって特別の配慮を期待したわけではないし、元々大河内先生は信念の人で、検察官らのように姑息なことを考える人ではないので、押田教授に面会するのは一向に差し支えないと返答した。


こうして、同年五月二日、第五五回公判において、押田教授に対して証人尋問が開始された。

押田教授は中立の立場でいたいからなのか、弁護側、検察側、双方の質問に対する答えがあいまいで、内藤教授のように的確な答えが返って来ない。要するにどっちつかずなのである。そのため尋問時間が長引き、本日一回の公判では終わらず、次回公判を五月一一日午前一〇時と指定して閉廷した。

第五六回公判・五月一一日

前回に引き続き押田教授に対する証人尋問である。前回押田教授は、尋問に対して簡潔な答え方をしなかったために、尋問が長引く一因になったことから、この日は尋問に先だち、裁判長から一本クギを刺されたにもかかわらず、この人は自分の鑑定結果に自信が持てないからなのか、それとも内藤鑑定を意識しすぎる故か、やたらと学術用語を使い分けながら、のらりくらりと質問をはぐらかしているとしか思えなかった。

しかし大河内弁護士の鋭い質問には答えに窮し、理屈をこねる場面もあり、しまいには、そこまで実験している時間がなかったとか、資料が乏しいなどと言い逃れることが多く、結局、弁護側、検察側の双方にとって、押田教授から得られたものは、ほとんど無かったように思う。

敢えて挙げるなら、バールの凶器性については消極的ながら、押田教授も否定的だったことぐらいだろうか。

もっとも、伊藤医師によるバールの凶器性については、内藤鑑定が明確に否定しているし、証人尋問で伊藤医師は、弁護人の鋭い質問攻めにギブアップする始末で、伊藤鑑定は最早、何の証拠価値もないのだから、むしろ押田教授には、なまじな鑑定をされるよりも、どっちつかずでいてもらった方がよかったかも知れない。

主任弁護人の大河内先生としては、また別の見解を持っておられるかも知れないけれど、ともかくこれですべての審理は終った。
いよいよ六月一二日午前一〇時から論告、弁論ということになった。この日一日で終る予定。

第五七回公判・一九九五（平成七）年六月一二日・午前一〇時開廷

検察官の論告から始まり、朗読は午前中一杯かかった。求刑は、思っていたとおり死刑であったが、これは予想していたことなのでとくに驚きはなく、心に動揺もなかった。検事は外に書きようがないだろう。まさか検事が、被告は強盗殺人に関しては無罪である、などとは間違っても書く訳がないのだから。事件の重大性に照らせば当然の求刑なのだろうが、検察は間違っている。事件だけを見れば死刑以外の選択肢はなかったのかも知れないが、警察が初動捜査で重大な過ちを犯していることを認識しながら、状況証拠に頼り過ぎて、頭から私を犯人と決めてかかったことにより真犯人を取り逃がしてしまったのだ。見込みと予断による捜査が招いた警察・検察の犯罪と言える。

当初、捜査担当だった山本検事は、米田刑事作成の自白調書をまったく信用していなかったにもかかわらず、米田らに捜査のやり直しを命じなかった山本検事の責任は重い。

そして後任の検事も、尋問記録や自白調書など関係書類を精査すれば、矛盾点はいくらでも発見できた筈なのに、前任検事が書いた起訴事実に盲従して論告求刑を書いたにすぎない。もっとも後任検事としては、ほかにとるべき道がなかったのだろう。

検察の世界には、一旦起訴した以上は後戻りが許されないといった雰囲気がある、とある本に書いてあったのを憶えている。実に恐ろしいことだと思う。こんな検察に裁判官が荷担したなら、冤罪の被告人が救われる道は、最早どこにもありはしない。

　起訴されたら最後、九九パーセント以上が有罪になるというのが日本の刑事裁判の現実であり、実態なのです。しかしこのような恐ろしいことが永遠に継承されていくことなど絶対にありえない。今に必ず、検察イコール正義ではないということが白日のもとにさらされる日が来ると信じたい。

　この論告を裁判官が額面どおり受け取るとは思いたくないが、上田裁判長ではあまり期待できそうもない。いかに検察官と同質化する裁判官が多いとはいえ、論告と弁論を対比すれば、自ずから見えてくるものがある筈だが、要は裁判官の良心と洞察力の問題であろうと思う。どこまで機微に通じているかということも含めて。


　午後からは主任弁護人の大河内先生による弁論がおこなわれた。時間の関係で要点のみの朗読であったが、それでも五時までかかって、なお時間が足りないほどであった。

大河内先生の朗読は堂々として自信に満ちており、内容も素晴らしいもので、聴いていて胸が熱くなった。

　七年間に及んだ公判において、弁護団が積み重ねてきた無実の立証の数々。そして本日の弁論がある。それでも裁判長は、有罪だと言うだろうか。泣いても笑っても、本日が最後だ。

　九月七日が判決だが、これまで積み重ねてきた数々の無実の立証があることを踏まえた上で、大河内先生の言われるように、自信をもって当日に臨もうと思う。

第五八回公判・一九九五（平成七）年九月七日・午前一〇時開廷
判決公判である。

仮監から法廷までの長い廊下を、手錠に腰縄を打たれて歩きながら、私は何も考えていなかったように思う。法廷に入る時の気持ちも落ち着いていたし、判決も冷静な気持ちで聴いた。

本日の判決は、上田誠治裁判長が定年退職したため、中西武夫裁判長が代読した。

三人の裁判官が着席し、裁判長が「主文」と言った時、一瞬法廷内がシーンと静まり返ったように感じた。

続いて、「被告人を死刑に処する」と宣告した。そのあと裁判長は、私に着席をうながし、それからおもむろに判決文の朗読に入ったが、私は「主文」を聞いただけで、あとの朗読など聴く気にもなれなかった。どうせこじつけ、欺瞞だらけの内容だろうと見当がつくからだ。

無期であろうが死刑であろうが、私は人を殺してはいないのだから、強盗殺人については無罪でなければならない。そのための立証は十二分に尽くされてきたにもかかわらず、実に不当な判決である。到底承服できるものではないし許すことができない。

これまでの七年間にかさねた五八回の裁判は一体何だったのか。初めに結論（死刑）ありきで、その結論を言い渡すための単なるセレモニーだったのか。こんなものは裁判の名にも値しない。

上田裁判長は、自身の退官に合わせて判決公判に今日という日を選び、言渡しは他の裁判官に押しつけて、自分はさっさと逃げていったのだ。

上田裁判長は、弁護団が積みかさねてきた無実の立証を悉く無視したばかりでなく、裁判所が選任した内藤教授、押田教授、両鑑定人の鑑定結果も一切取り上げていません。有罪認定の障害になるものは全て排除し、捏造された供述調書にのみ依拠して作り出した判決にほかなりません。

これは供述調書と同じく捏造判決です。

翌八日の朝日新聞は次のように報じている。

「横浜地裁の上田誠治裁判長（中西武夫裁判長代読）は七日、高橋被告に死刑判決を言い渡した。『自白の信用性や凶器の特定に大きな疑問符をつけながら』起訴事実をほぼ全面的に認める判決となった。無罪を主張する弁護側は同日午後、東京高裁に控訴した。

上田裁判長は判決理由で、検察側が『具体的で詳細』と評価していた高橋被告の捜査段階での供述の信用性について、『殺害状況に虚偽が入り込んでいる可能性がある』との見方を示した。

さらに『純然たる意味での秘密の暴露がない』『凶器の選択など重要なことがらについて変動があるのはやや不自然』などと指摘している。

また、検察側がバールとドライバーと断定した凶器については、『すべての傷を明快に説明しているとは到底いえない』と、供述とは別の凶器による犯行の可能性も指摘した。

しかし、高橋被告が事務所に赴くことになった経過や、事件が起きた時間帯に高橋被告が現場にいたことなどから、被害者を殺害したのは高橋被告以外にありえない、と断定。『真犯人は別に存在する』とする弁護人らの主張を退けた。」

このほかにも、いくつかの疑問点を示しながらこの判決である。

「疑わしきは被告人の利益に」とした刑事裁判の鉄則とは正反対の判決であり、最高裁判例も、刑事訴訟法までもないがしろにした、身勝手で、唯我独尊的判決としか言いようがない。

要するに、上田裁判長はこう言っているのだ。「凶器も犯行態様も解明できないし、供述そのものにも疑問点が多く存在し、秘密の暴露もない、自信はないがとにかく怪しいから『死刑』にしてしまえ」と。

信念も自信もないまま上田裁判官は「歪んだ正義」を遂行したのだ。これは正に裁判官の犯罪です。

こういう裁判官が多いのが現実ならば、控訴審にも期待は持てないということであり、暗澹となる。

逮捕初日の取り調べ状況を録音していたテープと、ポリグラフ検査の記録など弁護側が求めた証拠開示請求を「必要なし」として悉く退け、真相を究明しようとしない裁判官の態度は、司法の任務を放棄し、捜査側の違法行為に加担したと言われても反論できまい。

このような裁判官の前では、被告も弁護人も為すすべがない。裁判官不在と言っていい。検察官に取り囲まれて裁判を受けているようなものである。

上田誠治裁判官などは典型的な検察ファミリーと言っても過言ではないだろう。

上田裁判官は、憲法第七六条の意味を理解しているのだろうか。

第七六条は「すべての裁判官は、その良心に従い独立してその職権を行い、この憲法及び法律にのみ拘束される」と定めている。

しかし実際には、憲法や法律を遵守し、良心に従って、公正に判断している裁判官がどれほどいるだろうか。

裁判官の身分保障により、外界から隔絶された殻の中に立て籠って、縄のれんや赤ちょうちんの意味も解せない彼らが、自らを高士として自負するかぎり、事件全体に目を向け、心耳を澄ませて検察、弁護側の意見を聞き、証拠を吟味し、公正な裁判を心掛けようとする真摯な気持ちなど起ころう筈がない。殻の中にいると独善と偏見が増幅されるからだ。

独立公正の理念を忘れ、互恵平等の精神を喪くしたら、それは最早裁判官とは言えない。検察の傀儡でしかない。私は、上田裁判官にその典型を見たと思った。

現行の刑事裁判は、「調書偏重主義」と言われています。

刑事裁判では供述調書がよく用いられ、ほとんどが調書の記載だけで片付けられてしまうと言ってもいい程、法廷でのやりとりは、証言よりも調書が採用されることが多いからです。そのため、「法廷は真偽を争う場ではなく、捜査機関の作成した資料を裁判所へ引き継ぐ場所にすぎない」とまで言われているほどです。刑事裁判の形骸化である。

証拠の採否、事実の認定は裁判官の専権であると言われているけれど、そうだとしても、裁判官の裁量は合理的でなければならない筈。合理的であるということは、一般市民をよく納得させるということではないだろうか。

裁判官の中には、被告人のアリバイや有効な立証が崩れたりすると、胸をなでおろし、ほっとしたような顔をするのがいると聞く。

人を裁く者は、自らが裁かれるという立場に身をおいて裁判するのでなければ、真に人を裁く資格はないと思う。

判断の公正さ、そして裁判の根幹、生命ともいうべき人権に対する配慮は望むべくもないのかもしれないが、だからといって無辜を処罰してよいということにはならないのではないか。

彼らは、如何にしたら被告を有罪にすることが出来るか、有罪の判決文を書くことが出来るかと、検事と同じようなことを考えている。裁判官が検察の役目を取って代わろうとするのは、裁判としては邪道ではないだろうか。

米田刑事の捏造調書については、前にも説明しましたが、もう少し触れておきたいと思います。

前に書いたのは、便所へ逃げ込んだ朴社長の奥さんを殺そうとしてバールで殴りつけているうちに、新聞紙にくるんでいたバールが勢いですっぽ抜けてしまい、新聞紙だけが手に残ったというふうに調書を作文する上で米田がどんな発想をもって組み立てていくのかその一端を紹介しました。しかしバールを新聞紙でくるむという発想自体が私には考えられないことですが、そうしなければ米田のストーリーに合わないからなのでしょう。

新聞紙にくるんだバールを手提げ式の紙袋に入れ、カムフラージュにペンチとプラスドライバーも一緒に入れたというのですが、それは朴社長に怪しまれないために、これからどこかへ工事に行く途中だと思わせるための偽装として……というのが米田の考えるストーリーですが、バールにプラスドライバーも一緒に入れたところがみそですね。

しかし米田のストーリーは、あくまでも空想の産物だから、こんな不自然な方法になってしまうのです。

見せかけが目的ならば、私ならむしろ腰道具（電気工が腰に着ける七ツ道具）をベルトごと一式袋に入れ、バールもむき出しで袋に入れたでしょう。新聞紙などでくるめば、よけい変だと思われるのではないでしょうか。

私の腰道具はニッサン・キャラバンに一組、乗用車のトランクに一組、常時入れていて、何時どの工事現場に立ち寄っても、工事の進捗状況によっては仕事の手助けが出来るように用意していたのですから、何も少しばかりの道具を袋に入れていって見せるような行為は、朴社長にはかえって奇異に映ると思うのですが。

いずれにしろ、実況見分と弁護人による実験でも、バールがすっぽ抜けるようなことはありえないという結果が出ているにもかかわらず、調書ではそのまま生かされているのです。

大黒埠頭の埋め立て地から発見されたというバールを私に確認させた時のことについては、先に紹介した「控訴趣意補充書」の中で、米田刑事とのやりとりの一部を少し書いていますが、その時の様子をもう少し詳しく述べたいと思います。

取調室には、大きさの異なるバールが五本、私の席から一メートル余り先の壁に立て掛けてあり、1～5まで番号が付けてありました。その中には一メートルくらいの大きさの物もあって、私は一目見て、そこに並べてあるバールの何本かは、従業員の田村輝久の専用車のサニートラックの工具箱から一時領置した物であろうと見当をつけました。田村はバールを数本持っていて、その中には一メートルくらいの物が一本あったのを知っていましたから。

しかし、並べてある五本のバールの中には、埋め立て現場で発見されたというバールはありませんでした。

なぜかというと、埋め立て現場から出た物なら、ゴミ焼却場で他のゴミと共に一〇〇〇度近い高熱で焼かれて、表面はかなり赤銅色様に変色していなければならないのに、その痕跡がどのバールにも見られなかったからです。

私が、大黒埠頭から出てきたバールというのはどれですか、と訊くと、米田は「それはおしえられないよ。高橋に選んでもらうんだから」と言うのです。

そんなことを言われても……と言いかけると、すかさず米田が「高橋。また知らないとか分からないとか言うなよな。一度認めてここまで来たんだから、その線で進めて早く終わらせたほうが裁判が有利になると思うけどな」

そんなふうに言われると「認めたといっても、仮りじゃないですか」とまた逆らいたくなるのですが、以前のような喧嘩ごしになってもよくないと思って、

「バールはキャラバンの荷台に積んでいた工具箱の物を使ったというのがあの怖い刑事（横平）の筋書きで、初日の取り調べのときに部長（武藤）が描いたらしいバールの図に寸法を入れさせたのですから、その大きさのバールをあの中から選べば済むことじゃないですか」

と皮肉を込めてやんわり言ってやると米田は、「まあそういうつれない言い方をするなよ。それ

じゃあおれから訊くけど、あの5番のバールはどうだ」

「まさか。あんなでかいバールをかついで行くんですか。あれは鳶職が使うバールですよ。袋にだって入らないじゃないですか」

「その手前の4番はどうだ」

「あれだって六〇センチ以上あるでしょう。バールの寸法は、たしか四五センチ位って書いたはずです。班長も分かっているでしょう。あの中からその寸法に近い物を選べばいいじゃないですか」

「そうか、分かったよ。もういい」

この時の米田とのやりとりはこれで終りですが、それが調書になると次にような創作文になってしまうのです。

「1番は完全に違います。こんなに短いバールではありませんでした。

それから4番と5番も完全に違います。こんなに長くありませんでした。

2番と3番のいずれかの長さだと思いますので、実際に自分が手に持って、その時の状態を思い出せばどっちかを区別できますので、手に持たせて下さい。両手に持って殴ったときの振り上げた感じとか、全体の感じで実際に手にしてみれば分かりますので持たせて下さい。

『このとき本職は、供述人に対し、2番と3番のバールを交互に持って振り下ろしたり、上下に振ったりして、その感触をつかんでいた』後略
このように、米田のようなベテラン刑事の手にかかると、わずかな言葉のやりとりが、右の調書のように臨場感のある迫真的な創作文に化けてしまうのです。バールに限らず、実物を被疑者に触

れさせることは絶対にありません。調書が被疑者のナマの声ではないというのはこのことなのです。

このような捏造調書の極め付きとも言える調書でも、裁判所が証拠として採用すれば、「調書偏重主義」の法廷では、動かすことの出来ない強力な有罪の証拠になってしまうのです。

供述内容の具体性や迫真性は、後でいくらでも作り出すことが可能である以上、客観的証拠による裏付けのない供述については、信用性判断は慎重になされるべきです。

裁判所は、調書にのみ依拠するのではなく、法廷証言、供述を重視する「口頭・直接主義」「証拠主義」を基本とする審理をして欲しいと思う。

控訴審でのたたかい

一九九五（平成七）年九月七日、死刑判決の言い渡しを受けて即日控訴。一年、二年と経過するも、一向に控訴審が開始される兆しがない。後から控訴した者はとっくに東京拘置所へ移監されて行くのにどうしたことか。

そして三年が過ぎ、四年目の一九九九（平成一一）年四月一七日、ようやく東京高等裁判所第一一刑事部から、「公判期日召喚状」が届く。

公判期日、平成一一年、六月二日、午後一時三〇分。

裁判長　荒木友雄裁判官

これにより同年四月二三日、東京拘置所へ移監されました。途中、バスの窓から、初めて見る横浜ベイブリッジなど様変わりした東京湾の風景を眺めながら、十年という月日は、こうも四方の景観を変えてしまうものなのかと、今さらのように、この世の無常さを身にしみて感じていました。時というものは、風景だけではなく熱いものを冷まし、鮮やかな色を褪せさせ、人の心までも変えてしまいます。

東京拘置所では所持品検査と簡単な検身を受け、私が収容された棟は新北舎と呼ばれ、築五〜六年目ぐらいの四階建で、私はその二階の一室に入れられました。

この棟は、現在建設が進んでいる新収容施設のモデルとなる仮設棟らしい。部屋はわりときれいで、横拘の部屋より畳一枚分広い。

横拘（横浜拘置所）の居室は、上がりがまちに当たる部分に三〇センチ幅くらいの板敷きがあって、畳は二枚で、その先に一畳分の板間があって、そこに便器と洗面台が付いているので、生活空間は畳二枚分だったが、この部屋は、入口の板敷き部分はないけれど、トイレと洗面台の板間を別に三畳間がそっくり使えるし、部屋の照明も横拘に比べて三倍は明るいので、部屋の感じは悪くないのだが、外通路が目隠し用のルーバでふさがれているために外界がほとんど見えず、閉塞感で息が詰まりそうだ。

ただ面会所までの距離がかなり長く、面会があると建物の外に出られるので、そのときは構内の自然に触れることができるし、よい運動にもなるので、このときだけはストレスが発散され生き返ったような気分になれる。

早速面会に来て下さったのは、大島静子さんでした。

大河内先生や弁護団の先生方の面会などで日が過ぎて行き、明日は、いよいよ控訴審の第一回が始まる。

一審判決から三年九か月が経過している。なぜこれほどまでに時間がかかったのか？

実は、一審の裁判で検察は、弁護側に押しまくられて、相撲に譬えれば土俵際まで寄り詰められ、徳俵の上で爪先立ちの状態でギブアップ寸前のところを、上田誠治裁判長に尻を押されて、辛うじて逃げ切ったという苦い経緯があるから、検事は警察に命じて、密かに再調査していたことが後になって判明した。

第一回控訴審

一九九九(平成一一)年六月二日、午後一時三〇分開廷、裁判長・荒木友雄裁判官

公判出廷は地裁で五八回も重ねているのに少しも慣れることがなく、この日はこれまでになく緊張していて、七一五号法廷に入った瞬間、傍聴人の多さに圧倒され、すっかり上がってしまった。大半が支援の方達だったことが後でわかったが。

また地裁では六名だった弁護人が倍くらいに増えているのにも驚いたが、被告人の席が地裁とは違うので少々途惑った。

地裁では傍聴席を背中にして座り、弁護団が被告の右側に、検事が左側に席を占めるのだが、控訴審では被告のすぐ後ろに弁護団がひかえているので心強い。

検事は正面から見えるし、証言台も目の前で、地裁では証人の背中しか見えなかったが、この位置なら証人の表情もわかる。少し首を回せば傍聴席を見ることもできるので、ここの方が落ち着く感じがする。

弁護団は一〇〇〇ページを超える控訴趣意書を提出していたが、この日は、その中から一〇〇ページ余りに要点を絞って、大河内主任弁護人以下六名の弁護人が約三時間にわたって陳述した。

▼事件解明のために留意しておくべき事実と原判決の証拠構造の破綻〔大河内弁護人〕

一審の決定的誤りの一つは、検察官の主張を丸呑みにして、正しい殺害順序を引き出せなかったことである。

殺害順序の可能性としては、

①夫—妻　②同時殺害　③妻—夫

の三通りがあるが、検察官が主張する①の夫—妻の順について考察する。

検察官は、冒頭陳述及び論告において、妻が最後に目撃されたのは午前一〇時過ぎで、事務所への出勤途上であり、その後、妻の姿を見た者はいないと主張して、その上で、検察官は、殺害順序については、朝銀から事務所に戻った夫が、一〇時四〇分以降、まず先に殺害され、そのあと、外出先から事務所に戻った妻が殺害されたと主張している（これは弁護人が異時殺と呼んでいる）。しかし、検察官のこの主張において不可欠となる絶対条件は、妻が外出したという事実である。

ところが、警察による付近一帯への綿密な聞き込み捜査によっても、午前一〇時以降に妻を事務所外で目撃したという情報は皆無であった。それにもかかわらず。検察官は、このちぐはぐな主張について、何ら立証していない。

弁護人は、これが、検察官が示した証拠構造中の最大の欠陥であることを強調した。

ところが、これに対して検察官は、今度は、補充捜査の結果、事件当日、妻は近くの汐田総合病院の眼科に白内障の治療に行っていたと言い出した。

そこで弁護人は、病院に問い合わせて、最後の通院が事件の四日前であることをつきとめた。これによって検察官の主張は崩れ去ったことになる。

よって、検察官が主張する殺害順序の、①夫―妻の殺害順序は完全に否定された。

②同時殺についての考察

原判決は、殺害順序については明言することを意識的に避けている。しかし、原判決は、検察官の主張を丸ごと認め、『銀行から事務所に戻ってきた夫が一〇時四〇分頃に目撃され、それ以降に犯行の着手があり、まず夫が殺害され、その後、外出から戻った妻が殺害された』と述べている。

しかし、原判決は、妻が外出をしていないことは弁護人が立証しているにも拘わらず、これについて完全に無視している。

もし、被害者両名が事務所にいるところを単独犯が襲ったとすれば、客を座敷に上げたことがない被害者が、来客中に二人そろって座敷に上がるということは、まず考えられない。

犯人は、被害者のうちの一方（この場合は夫）が座敷に上がったときを狙って、犯人も座敷に上がり夫を襲ったとすれば、下の事務室にいるもう一人の被害者（妻）は、直ちに事務室の外に飛び出して助けを求めるであろうことは必定である。

この逆の場合、妻が先に座敷に上がったところを襲えば、事務室にいる夫は、当然、妻を助けようとして犯人に立ち向かい、争闘がくり広げられるはずである。このような状態になっては、最早、二人を殺害して金を奪う犯人の計画は失敗に終わることは明白です。

しかし、狭い六畳間の座敷には、机、キャビネット、座卓、冷蔵庫、茶だんす、下駄箱、整理だんす、コピー機などの什器備品が所狭しと置かれていて、さらにその周りの畳の上には、古新聞や明細地図帳などが積み重ねられているが、それらは整然としていて、室内で大人三人が、激しく争った形跡はどこにも見られないのである。

結局、このような状況から考察した結果、単独犯による同時殺はほぼ不可能と断定。

最後に、③妻→夫の順であるが、この順序について時系列を追って説明する。

妻が一〇時過ぎに出社し、先に出社していた夫と二人で茶を喫し、同一〇時五～一〇分頃、夫は自転車で銀行へ出かける。その間、一〇時一五～二〇分頃に、妻は顧客からの電話を受けている。夫は一〇時一五～二〇分頃銀行に到着し、すでに用意されていた現金を受け取り、一〇時二五～三〇分頃事務所に戻り、同三五～四五分頃、夫が外に出て事務所の前の路上で隣人と顔を合わせ、軽く挨拶している。

その後、同五五分頃、高橋被告が訪ねている。

妻は顧客からの電話を受けた後、夫が戻るまでの間に殺害され、夫はその後殺害されたことになる。

この場合は、順次被害者を襲うことになるので、単独犯でも遂行不可能とまではいえないが、妻の死体を座敷の隅の便所内に隠して夫に気付かれないようにしたというのは、想定すること自体に無理がある。

以上の検討によって、殺害順序の①は完全に否定され、②も単独犯ではほぼ不可能であるとして否定され、③も想定自体に無理があるとして否定される。

▼原判決の認定手法の致命的な欠陥について〔花谷弁護人〕が述べる

まず、この事件の犯人が備えていなければならない特別な事情として、

①犯人は犯行時間帯の被害者の行動を把握できた人物に限られること。犯人は朴が大金を下ろすときは、自転車で朝銀に行くことや、朝銀で金を下ろして戻るまでの往復の所要時間なども十分計算に入れていた公算が大きく、したがって犯人の可能性のある者の範囲はかなり絞り込まれることになる。

②犯人は被害者に怨恨（ことに妻に対して）を持っていた。このことは、妻の体に残る執拗なまでの多数の傷口（いずれも致命傷にはなり得ず）からも、うかがい知ることができるのである。

③被害者両名にとって致命傷となった顎への一撃を考えたとき、犯人には格闘技の心得があると推測できる。

④当事件の約四か月前、同社で訴訟関係の書類等を狙った窃盗事件があったときも同社の内情に精通していた様子があり、同一犯の可能性が高い。

⑤重要書類の入った布袋について、営業中は常に押し入れに仕舞っていることを犯人は知っていた。また、朴社長が銀行から大金を下ろすときは、「黒い大きなカバン」を用いることも、犯人はよく知っていた、などがあげられるが、これらの条件のいずれにも被告人には当てはまらない。

たとえば、被害者と知り合って二か月たらずの被告人には怨恨の事情がない。

被害者と付き合いが浅い被告人は、朝銀の所在や布袋と鞄の所在を知り得る関係にはなかった。

等々……。

▼想定し得る具体的な犯人の存在〔大熊弁護人〕

ここで弁護人は、真犯人として最も容疑が濃厚な二人の人物の実名をあげた。

まず第一発見者「栗山良一」の供述によると、発見したとき、声をかけたり体を揺すってみたりすることもせずに、二人が死んでいることがわかったという。座敷の照明は消えていて薄暗いのである。事務室と座敷を仕切るカーテンの裾を少し持ち上げて見ただけで分かる筈がない。このことは、栗山がこれ以前に二人が既に死んでいたことを知っていたからにほかならない。

栗山は以前、被害者の朴社長の元で数か月働いたことがあり、朝銀のことや梅田商事の内部事情に通じていた。

栗山は宝石盗の常習犯で、本件直後にも窃盗事件を起こして服役している。事件当時金に困っていた。アリバイ無し。

次に、「杉浦」……は格闘技の経験がある。朴社長から多額の借金がある。事件当時金に困っていた。アリバイ無し。

▼死体の損傷状況等客観的状況と凶器〔柳弁護人〕

本件で使われたことになっている凶器は、警察官が想像したバールとプラスドライバーとされているが、弁護団が豚肉を使って実験した結果、バールとドライバーでは死体にあるような傷は出来ないことが分かった。

これは一審での公判法廷で、裁判官、検察官、目の前で実験した結果である。

原判決は「本当の凶器」を解明できないまま「バールのようなもの」「ドライバーのようなもの」とあいまいな表現をしている。

このようないいかげんな事実認定によって被告人を強引に犯人に仕立て上げ、死刑判決を下した杜撰な裁判である、と厳しく言及した。

〔内山弁護人〕は、▼自白の信用性　について、自白は捜査員らが組み立てたストーリーをもとに、被告人を脅したりすかしたりしながら、誘導して作られているため、新しい事実に気付くとその度にストーリーを変えるから、自白もまた二転、三転していて到底信用することはできないとして、四通もの異った警察官調書を示した。

〔黒田弁護人〕は、▼被告人の弁明　として、被告人の人のよさ、人の話に乗せられやすく、また迎合しやすい性格であることなどを実例を引用しながら陳述した。

▼結論

控訴趣意の陳述によって被告人の無実は明らかである。

翌六月三日の朝日新聞朝刊は次のように報道した。

「真犯人」名指し無罪主張

横浜市鶴見区で一九八八年、金融業者夫妻を殺して千二百万円を奪ったとして、強盗殺人罪に問われ、一審の横浜地裁で死刑判決を受けた元電気工事業高橋和利被告（六五）に対する控訴審の第一回公判が二日、東京高裁であった。弁護側は、被害者周辺の二人の男性（一人はすでに死亡）の実名を挙げて「真犯人の疑いがある」とする控訴趣意書を朗読し、「被告以外に疑わしい人物はいないとする消去法で被告を犯人と認定した一審には重大な事実誤認がある」と述べ、改めて無罪を主張した。

検察側は控訴棄却を求める答弁書を出した。（後略）

弁護団の控訴趣意の陳述に対し、検察官による答弁書の口頭陳述はなく、しかも事前に提出すると約束した答弁書の補充書の提出もなかった。

いずれにしろ本日の控訴趣意の陳述は、警察・検察の捜査がいかに杜撰であったか、そして自白調書のほとんどが捜査官の捏造であること。原審判決には重大な事実誤認や法令違反があること。被告人以外の真犯人の存在などを、傍聴していた支援者や、マスコミ各社に強く印象付けたのではないかと思う。

第一回控訴審はこのようにして、弁護側の趣意書の陳述のみで終わり、第二回公判は七月二一日、第三回九月一〇日、第四回一二月一五日と続き、一九九九年が終わる。

二〇〇〇（平成一二）年となり、第五回公判が一月二一日、

第六回公判三月一三日。
この日は、検察が弁護側に一一年間も隠し続けていた証拠（被害者の腕時計などに付着していた血痕の鑑定）について、科学捜査研究所の技師・阿部徹証人に対する尋問が行われた。僅かばかり付着していた血痕をどのような方法で採取し、どのような方法で鑑定を行ったのか。弁護人の尋問はこの二点に集中しましたが、弁護人の鋭い質問に、証人は満足な答弁ができずにうやむやのまま、この証人尋問はこれで打ち切りになった。検察の思わくは失敗に終わったのである。

第七回公判五月一二日
弁護人による意見陳述
検察は被告を有罪にする決め手を欠き、明確な立証方針を立てられなくなり、一一年間も弁護人に隠していた証拠を持ち出し、これが失敗に終わるといよいよ危機感にとらわれた検察は、今度は、バールの凶器性についての「再々々鑑定」を請求する悪足掻きに出た。これに対して弁護人は反対意見を述べたが、裁判所はこれを無視して、検察官請求の大阪大学の的場梁次教授を採用した。
弁護人は書面をもって異議を申し立てましたが、理由がないとして棄却されました。

結局、六月二八日、第八回公判で的場教授に対する証人尋問が始まりました。この日は検察官の主尋問のみ。
弁護側の反対尋問は、九月一日第九回公判、九月二九日第一〇回、一一月二九日第一一回と、三

回にわたって弁護人がそれぞれ反対尋問を展開した。

弁護人の厳しい尋問に的場教授は、滑稽なほど身振り手振りよろしく辻褄を合わせようとするが、見当違いなことを言うものだから、傍聴人から失笑を買ったり、裁判長からは「わからないことは答えなくてよろしい」とクギを差される場面もあった。

それでもなお、ちぐはぐな答弁をするものだから、「あなたも科学者でしょう！」と弁護人から一喝され、「はい」とは答えたが、的場教授が一瞬色を失った場面だった。

それほどに的場教授の証言はいいかげんで、何一つとして科学者らしい論理的な答弁ができなかったのです。

たとえば、神奈川県警から提供された実験用機器の機能について、弁護人の質問に的場教授は「私にはよくわかりません」

では、実験で使った「圧力測定紙の材質は何か、メーカーはどこか」という質問にも、「わかりません」といった答弁がほとんどで、弁護士でなくても「それでもあなたは科学者ですか！」と、私を含めて傍聴していたすべての人が同じ気持ちだったと思います。

的場証人が的はずれな答弁しかできなかったのは、実験のほとんどが助手まかせだったからです。

的場教授にしても、一審での伊藤医師にしても、御用学者というのは総じてこんなものなのかもしれません。

的場教授は、なんとしても、被害者の損傷をバールとドライバーでこじつけようとして、悪足掻きとしか思えない答弁に終始したばかりでなく、バールが凶器とされた事件の鑑定を四、五件はやったと偽証までしていたのです。

結局、検察官が「百年の裁判にも耐えうる」とまで高言した的場鑑定も、弁護団によって完膚なきまでに叩きつぶされたのでした。

こうして、平成一二年の公判はすべて終わった。

二〇〇一（平成一三）年の公判は、三月五日午後三時に開廷した。

第一二回公判である。今回から裁判長が交替して、なんと中西武夫裁判官が裁判長だ！　一審での死刑判決を代読した裁判長なので嫌な予感が脳裏をかすめた。この日は更新意見のみで、三〇分程度で閉廷した。

第一三回公判・五月一六日　検察側証人として、信州大学教授福島弘文氏に対する尋問。被害者夫妻の肩口に付いていた同妻の血液AB型と、夫の血液B型との混合血についての（DNA）鑑定の件。

第一四回公判・六月二五日　同じく（DNA）鑑定の件で、弁護側証人として、日本大学医学部教授押田茂實氏に対する尋問

第一五回公判・七月三〇日　警察官調書に基づく現場再現のため、弁護団作製のビデオを上映し

た。弁護団は、この証拠ビデオを作製するために、大掛かりな原寸大のセットを作製したのでした。

そして、流し前の敷物に付いている擦過血痕、流し前のガラス戸の桟に付着している滴下血痕、ガラスに付いている指手による擦過血痕（いずれも被害者妻と同じAB型の血痕）や、流し前に倒れて大きく凹んでいるポットなどの状況から、妻は最初の一撃をこの流し前で受けたことは容易に推認できるとして、この客観的事実を踏まえて大河内弁護人が犯人役に、一人の女性が妻（被害者）役になって、流し前の攻撃からトイレに逃れるまでの態様をリアルに演じて見せた。

このビデオを見れば、裁判官も検察が主張する殺害順序、殺害態様に矛盾を感じずにはいられないのではないか、と思った。

九月一二日の第一六回公判は証拠の整理のみで終わった。

第一七回公判・一一月一六日、証人尋問。

弁護人の請求で、事件当時の捜査班長をしていた米田富雄を召喚。米田は一審での証人尋問において虚偽証言をしているが、今回の喚問は、彼らが事件から九年後になって、補充捜査をしていた事実を弁護人が突き止め、その真意を質すためのものだ。彼らの杜撰な捜査が、控訴審で問題になることを危惧し、検察官からの指令で密かに補充捜査をしていたにもかかわらず米田は、一審に次いでこの日も、そういう事実はないと虚偽証言をし、検察官もこれを擁護する発言をしている。補充捜査をやっていたことはバレているのにだ。

第一八回公判、一二月二六日・証人尋問　証人・齊藤一之埼玉医科大学教授。

齊藤教授は同大学法医学教室主任教授をされている方で、法医学専門に一六年間携わっておられる専門家です。

検察側が「再々鑑定」までさせた的場鑑定については、弁護人の厳しい追及の前に、既にその体を成していませんが、矢張り専門家の鑑定があるとないとではその重みが違うことから、弁護人が齊藤教授に鑑定を依頼し、意見書として提出していたことによる本日の証人尋問です。

検察官は何とかして齊藤教授の鑑定を突き崩し、的場鑑定を蘇らせようと必死になり、時間をかけて尋問したけれど、逆に論破され、的場鑑定は最早、鑑定の名にも値しない代物になったのでした。

それにもかかわらず検察官は、なおも的場鑑定にしがみつき、恥知らずにも、再度的場教授を証人に立てようとしましたが、裁判所がこれを認めるようではあまりにも不公平であると、弁護人が強く反対したことによって、検察官の請求は退けられました。

的場教授はバールを凶器とする鑑定が一度もないのに、四、五件はあると、法廷で嘘の証言をした御用学者です。このような人物の鑑定が信用できないのは当然です。

本日の公判をもって、平成一三年の審理は終わりました。

第一九回公判、二〇〇二（平成一四）年一月二三日　山根萬に対する証人尋問

山根は私の取引先の現場代人で、事件発生当初から警察の事情聴取を何度か受けていた人物ですが、事件から九年後の補充捜査の際にも、警察の事情聴取を受けていたことが弁護人の調査で分かっていたので、それを確認するための召喚になったわけです。

彼は警察には協力的なので、正直な証言はしないだろうと思ってはいましたが、案の定、事情聴取を受けたことは認めたものの、話の内容になると、九年前に訊かれたことのおさらいのようなものだと、曖昧な証言に終始しましたが、事情聴取を受けたことは認めたので、第一七回公判で米田が嘘の証言をしたことは裁判官にも分かったのではないかと思う。

この日はもう一名、小杉山千晶に対する証人尋問があったが得るもの無し。

第二〇回公判・三月四日、被告人尋問

主尋問、反対尋問が続けて行われた。

しばらく前から声帯が細くなり、声がうまく出ないことに加え、唾液が出なくなる病気になっているため、舌がもつれて、ろれつが回らないような答え方になってしまうので気が気ではなく、そのため気ばかり焦って思い通りの答えができなかった。

一番大事な場面なのに、裁判官にはあまり良い印象を与えなかったと思う。最悪だった。

第二一回公判、三月二七日、証人尋問

証人池田かおる。彼女は私の知人のIさん（故人）の娘で、朴夫妻が殺害されたと思われる時間帯に、私がIさんにも電話をして話をしているのを、Iさんのそばにいて、そのやりとりを聞いていたと、アリバイを証言してくれたのですが、判決には生かされませんでした。無視されたのです。証人の池田かおるは転居していたために所在がつかめず、主任弁護人の大河内先生が苦労して探し出してくれたのに非常に残念でならない。

第二二回公判、四月一七日、被告人尋問

本日は裁判官による尋問であったが、相変わらず声が思うように出ない上に、舌がもつれるので、うまく言葉が出ない。悪い印象を持たれたくないという思いで焦れば焦るほど舌が乾いてしまい、最後まで立ち直れなかった。

裁判官による被告人尋問は、無実を訴える一番肝心な場面なのに、口惜しくて、悲しくて、我が身を呪いたくなる思いだった。

第二三回公判、七月一五日

最終弁論、弁護人の弁論を聴きながら、絶対に勝ったと思った。

朴夫妻の殺害順序について、検察は一貫して「夫―妻」の順だと説明している。つまり、事務所にいた夫を先に殺し、その後外出から戻った妻を殺したと言うのだが、警察のシラミつぶしの捜査でも妻の外出は認められていません。妻はヘルニアの手術をして、最近松葉杖が取れたばかりで、ゆっくりゆっくり歩行するので、外出しているとすれば、近隣住民のほとんどが顔なじみなのだから、一人や二人の目撃者がいてもいい筈。情報が一つもないのは、妻は外出していないのです。

これに対して弁護側は、「犯行時間帯の直前と思われる時刻に妻に電話した者の証言を前提にする限り、二人は同時に殺害されたとしか考えられない。ところが二人が倒れていた六畳間は、什器備品が所狭しと置かれていて空間は非常に狭いのに全く争った形跡がなく整然としている（現場見取図参照）。したがって単独犯による同時殺は不可能である」と説明した。

これまでの検察官との攻防の中で、検察の主張は悉く撃破され、検察官が最後の拠り所にした的場鑑定も、弁護人と齊藤教授の鑑定意見によって、徹底的に叩きつぶされている。加えて本日のこの弁論によって、私は勝利を確信した。

第二四回公判、一〇月三〇日

判決公判

一審判決の時は、それまでの裁判長の検察寄りの態度が際立っていたから、最悪の事態はある程度予想していたのでわりと冷静な気持ちでいられたけれど、今日は朝から緊張のしっ放しだった。裁判は二審が天王山と云われているだけに、中西裁判長がどんな判決を出すのか気になって仕方がない。裁判では、弁護側は完全に検察側を撃破しているので、半ば期待はしていたのだが、しかし、結果は「控訴棄却」であった。

しかしその判決内容はあまりにも矛盾だらけで、無茶苦茶で、容認できるものではない。最高裁判例によれば、犯罪事実の証明には、「通常人なら誰でも疑いを差し挟まない程度に真実らしいとの確信を得ること」が必要とされ、また、「反対事実の存在の可能性を許さないほどの確実性」が求められるとも述べている。

そしてなお「検察官による犯罪事実の立証がそのレベルに達しないときは、いまだ犯人と断定するには合理的な疑いが残るとして無罪を言い渡さなければならない」と述べている。

判決は、凶器及び殺害順序を否定し、なおかつ犯罪事実の根幹である事実関係に関する自白部分の真実性に大きな疑問が生じていると指摘している。

つまり、検察が唯一有罪の拠り所としている「自白」には真実性がなく信用できないと言っているのだ。

判例に照らしても、これで有罪にはできないはずだ。

ところが中西裁判長は、判決の中で、弁護人が控訴趣意書で述べた（前述した）殺害順序のうち、①（夫→妻）と②（妻→夫）の異時殺についてはその可能性を否定したが、②の同時殺についてはこれを否定せず、「単独犯による同時殺は遂行不可能とまでは認められない」という新説を突如として披露し、被告を殺人犯人と断定したのだ。何とも乱暴で無茶苦茶な判決ではないか。

この寝耳に水の不意打ち的判決には、検察との攻防に完勝した弁護側も、防戦のしようがありませんでした。裁判所の自作自演とも言える判決ではないか。

検察官も単独犯による同時殺は考えていなかったので、裁判では単独犯による同時殺の可能性については、公判を通じて争点にはなっておらず、全く議論が行われていないのに、裁判官の自作自演の「新説」で被告を有罪とした裁判官の真意がわからない。

東京高裁が示した犯行態様の自作ストーリーはこうだ。

「妻が六畳間の隅にある便所に入っている隙に、犯人が夫に茶を所望するなどして、夫を六畳間に上げ、まず流し付近で夫を殺害し、そのあと便所に入っている妻を襲えば、「単独で被害者両名の殺害を遂げることは『不可能とまでは言えない』」

と言うのだが、果たして妻が思わく通り便所に入ってくれるだろうか？　仮にそういう機会があったとしても、見取図で見る狭い空間で、抵抗も受けず騒がれることもなく、単独で二人同時に殺害することが可能だとは思えない。高裁は単なる空理空論を展開したにすぎない。

余談だが、中西裁判長は、控訴棄却を言い渡した二週間後に、退官していった。定年まで七年余を残してだ。良心の呵責と見る人もいるかもしれないけれど、そんな殊勝な心を持った人間とは思えない。七年間あれば、まだ一段や二段、上の階へ昇ることができただろうし、七年という年月を金に換算したら大変な額になる。これまでも検察寄りの判決を数件出している職業裁判官が、死刑判決を出したくらいで、それだけの「お宝」を棒に振るとは思えない。

下司の勘繰りと言われるかもしれないけれど、「お宝」を棒に振っても、余りある何かと引き換えに「死刑判決」を書いたのではないかと思いたくなる。内容があまりにも出鱈目なこじつけ判決だったからだ。

審理をしない最高裁判所

高裁判決を受け入れることはできないので、被告・弁護側は最高裁へ上告しました。弁護人は、最高裁判所に提出した上告趣意書において、調査の結果を踏まえて、まず、妻は便所を使っていないことを強調しました。

その理由は次のとおりです（泌尿器専門医の見解）。

「妻の残尿は50 mlです。六〇歳の女性が排尿したときの残尿は5 ml程度であり、多くてもせいぜい10 ml程度であるというのが専門医の見解です。したがって妻は、排尿を済ませた状態ではありません。また、妻のズボンのウエスト部のボタン及び前ファスナーは完全に閉まっています。便器には尿が溜まっていないので、排尿したとすれば、水に流したことになります。なお、便器の底に血が溜まっているので、犯人が後から水を流したことは考えられません。

妻は、体が不自由で、松葉杖が取れて間もなく、まだ階段の昇り降りができず、そのため自宅では一階で寝起きしていました。

排尿の途中で、夫が攻撃され、その異変に気付いたとしても、下ろしたズボンを素早く上げ、身支度をキチンと整えるほどの機敏さがあったとはとても考えられません。また、そんな余裕がある筈はありません。残尿が50 mlということですから、異変があったとき排尿を終えて身支度を整え終わっていたとも考えられません。また50 mlでは、尿意を覚えることはないので、排尿を始める前だったということも考えられません。」

次に、弁護人は、妻が便所に入っている隙に……という高裁自作のストーリーを、専門医の見解を基に分析した結果、高裁判決の「致命的な欠陥」と断じています。

「判決の致命的欠陥」（その2）として、弁護人は次のように述べています。

「単独犯による同時殺の可能性については、公判を通じて、全く議論が行われていません。案の定、説明がほとんど不可能と思われることがいくつかあります。

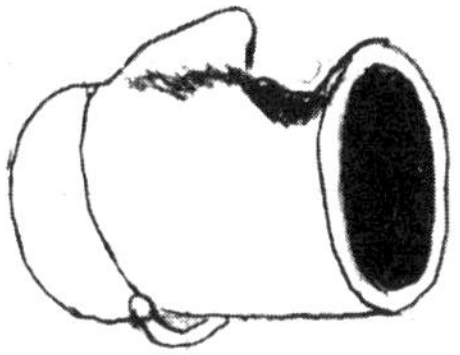

その一つが、流し付近に認められる妻の血液型の血痕です。例えば、流しの前に倒れている凹んだポットの取っ手（ポットの下側になっている）に付着している滴下血痕です。

判決の説明はこうです。

『妻は便所付近で殺害され、流し付近では攻撃されていないので、この血痕は、犯人が妻を攻撃したとき、凶器に血痕が付着したほか、犯人の着衣や手などに返り血を浴びたので、それを洗い流すために、六畳間の奥から座敷の真中辺りを通って流しに行ったとき、滴下血痕が斜め下方に飛んで付着した』と。

しかし、倒れたポットの下方側に位置した取っ手部分に滴下血痕が付着したことを説明することは極めて困難です。

判決の説明は、被告人を有罪にするためのこじつけ以外の何物でもありません。

これに対して、弁護人の説明はこうです。『この血痕は、凹んだポットが倒れていることから、流し付近で妻が攻撃され、そのとき傷口からの出血が、立っている状態のポットの取っ手に上から滴下して付いた』と。これなら無理なく説明できます。現に、弁護人が何回実験をやってみても、倒れたポットの取っ手の同じ箇所に滴下血痕を付けることはできませんでした。

『判決の説明で何よりもおかしいのは、犯人が流し付近に来たとき、やおら血液がポタポタと滴下し始めたということで、それまで犯人が座敷の奥から流しまで歩いた道筋に、どうしてどこにも血痕が滴下しなかったのか、ということです。流し付近に滴下血痕が集中していること（ポットの血痕のほか、流しの手前にあるガラス戸に付いた手指血痕、ガラス戸の桟に付いた滴下血痕、戸の際のカーペット上に付いた擦過血痕）などから考えて、妻が茶を入れようとして流しの前に置いてあるポットに近づき、そこで妻に対する最初の攻撃が開始されたとみるのが最も自然な推測ではないか』」と。

上の画は凹んだポットが横に倒れている状態。（県警鑑識課による現場検証写真より高橋がイラスト化）

ポットの取っ手に付着していた滴下血痕は、略画で見るポット本体の下に隠れている部分に付着していたのです。しかもその血痕の形は、血液が上から下に滴下したことを示す軌跡を描いているのです。

このような状態のポットの下側に隠れている取っ手の部分に、犯人の着衣等に付着した返り血が、まるで意思を持っているかのように潜って行き、上方から下方へ滴下を示す独特の形状を印することができるとは到底考えられません。

中西判決は、一審の上田判決以上に、こじつけ判決の最たるものです。

主任の大河内弁護人が中西判決を評して、「自作自演」と断じましたが、まったくそのとおりで、一審に次いで二審でも、弁護側は検察の主張をことごとく叩き伏せた筈なのに、中西武夫裁判長は、何としても検察側を救いたくて、筋道の立たない苦しまぎれのストーリーを自らこしらえて、「寝耳に水の不意打ち」判決によって控訴を棄却したのです。

判決では、凶器も、殺意態様も否定し、自白には真実性がなく信用できないと、検察側が描いたストーリーを悉く否定していながら、支離滅裂な判決と言うほかありません。

倒れているポットの際のガラス戸に残る血の付いた手指による擦過痕など、その周辺に認められる血痕は全て、殺害された奥さんの血液型と同じAB型だし、ポットの凹みも、その場で攻撃を受けたことの証明だと思うのだが、中西判決はこの点については全く無視して、ひと言も説明をしていません。

この稿を書いていた二〇〇八年七月一四日、茨城県利根町布川で一九六七年に発生した強盗殺人事件、いわゆる「布川事件」の再審開始が決定したというニュースが飛び込んで来た。布川事件のことはまったく知らなかったが、第二次抗告審で東京高裁は、再審開始を認めた水戸地裁土浦支部の決定を支持したという。

検察が隠しつづけていた証拠の数点を「無罪を言い渡すべき明白な証拠」として認めたと新聞で読んだ。

本当によかったと思う。二〇〇九年一二月一五日、最高裁は、検察の特別抗告を棄却し再審開始が確定した。そして、再審公判が始まった。二〇一一年三月一六日、再審無罪判決が言い渡される可能性が高まっているという。

この事件は、桜井昌司さんと杉山卓男さんの二人が、強盗殺人事件の共犯として逮捕され、無期刑で二九年間も獄中にあったわけだが、杉山さんは取り調べの段階で捜査員に、「杉山、桜井は自白したぞ。お前が言ったアリバイは全部嘘だ」と言われた（しかしこの話は捜査員の作り話だったことが後にわかる）。

それでも頑強に否認していると追い打ちをかけるように「杉山よ、いつまでも否認していると桜井の言うなりになってしまうぞ。桜井は、杉山に引きずり込まれたと言っているぞ」などと言われたり、別の事件を引き合いに出して、「そいつは否認していたから死刑になった」などとも言われている。

杉山さんは結局、「桜井が俺がやったと言っているならいいです。しかし、俺は事件の内容はわからないので、桜井の言っている通り書いて下さい」と虚偽の自白をしてしまう。

犯行内容を知らないのに、どうして調書が作られたのか。

「桜井の言ってる通り書いて下さい」と言ったが、警察としては、杉山さん自身の言葉による供述を取ろうとして、さまざまの誘導があったという。

例えば被害者のズボンの色は？　と訊かれても分からないから黙っていると、紙に「青、白、黒」と書いて「どれだ」と訊いてくる。「黒」と答えると「よく考えろ、夏だぞ、夏はどんな色を着る？」と言い「白」と言うと、「真っ白ってことはないだろう？」というので「白っぽい」と答える。

するとこれが「被害者は白っぽいズボンを穿いていました」とすらすら自供した調書になるのです、と杉山さんは言っています。

こういう誘導のやり方は、私を取り調べた横平と米田刑事が凶器について、バール、スパナー、ハンマーと三点の工具名を並べてこの中から選べと言ったのと同じ手口で、冤罪を作り出すパターンの一つです。

毎日新聞の椎屋紀芳記者が書いた『自白』（風媒社、一九八二年）という本の中に、あるベテラン刑事が「あんたを捕まえたら三日で、やっていないことでもやったと言わせてみせるよ」と言ったというくだりがある。ベテラン刑事としての自負なのだろうけれど、それほど自供というものは危ういということです。

布川事件や足利事件と同じく当鶴見事件でも、検察は多くの証拠を隠している。

「事件現場の凹んだポット。捜査でのポリグラフの記録。取り調べを録音したテープ。六畳間と流し付近の遺留指紋等々」弁護人が再三開示を求めているにもかかわらず、検察はいまだに拒み続けているし、裁判所も、開示命令を出す気がない。全ての証拠が出されて初めて、事件が解明されるのではないだろうか。検察も裁判所も、そういう体質を改めない限り、裁判員裁判が導入されても、公正な裁判が行われるとは思えない。検察は隠している証拠の全てを出すべきだ。

鶴見事件の上告審の弁論は、二〇〇六（平成一八）年二月一日に開かれた。

残念ながら私は出廷することは叶わなかったけれど、弁論の内容は前述したとおり説得力のある素晴らしいもので、三〇分間の口頭弁論は堂々としていて、裁判官の心にも届いたと思う、と支援の方から聞いていたので、ちょっと期待できるかな……という気持ちが心の片隅にあったのだが、三月二八日、最高裁第三小法廷が出した答えは、「上告棄却」の不当判決だった。

弁護団の血のにじむような努力と英知を結集した上告に対して、最高裁は何一つ答えていない。原審の何が間違っていたのか、詳細な証拠調べをした形跡もない。

一、二審には本当に失望したけれど、司法の最高峰に君臨する最高裁判事は、人格、識見ともに、最も「神の座」に近い人間に違いない。だから必ず真実を見極めてくれるものと、淡い期待を抱いていたのだが見事に裏切られ、一、二審以上に失望した。

弁護団が上告趣意書等で指摘した、憲法違反、法令違反、判例違反について最高裁は、「所論引用の判例は事案を異にして本件に適切でなく、その余は、憲法違反をいう点を含め、実質は単なる法令違反、事実誤認の主張であって、刑法四〇五条の上告理由に当たらない」

と決まり文句の屁理屈を並べて切り捨てている。単なる事実誤認というが、「事実誤認」とはそんなに軽いものだろうか。

過去に事実誤認によって死刑判決を受け、再審によって生還した人も四人いるし、事実誤認によって死刑を執行された人がどれほどいるか知れたものではない。

「事実誤認」こそが冤罪を生む大本ではないか。すべての裁判官が、「事実誤認」は裁判官の犯罪なのだということを認識すべきだ。

刑事訴訟法では、事実認定に変更や事実誤認があったり、法令違反があったりした場合、判決を破棄することができると規定している。

正義を実現するのが裁判であり、その裁判で使われるのが法律であるのに、最高裁自らが法律をねじ曲げることによって本件を上告棄却したことは、国民の司法への信頼を失墜させただけではなかったか。

自らを司法の守護神と公言してはばからないこの厚顔無恥は、つねに正義の名のもとに悪を隠ぺいしているのだ。法の精神などかけらもありはしないだろう。

最高裁の判決文は、一審の判決文をなぞっただけの実にお粗末なものである。二審の判決は、凶器も殺害態様も、自白も信用できないとして、検察が描いたストーリーを全て否定しているから使えなかったのだ。最高裁自らの判断を示せず、高裁が地裁の事実認定は間違っていると指摘したにもかかわらず、そのことには全く触れずに、ほとんど地裁判決をそのまま引用して判決文を書くなんて、それでも最高裁といえるのだろうか。

最低裁判所ではないか！

始めに有罪ありきで、裁判では地裁から最高裁までが一貫して、真実を見極めようとする機運もなかった。

権力を握る者には無類の残忍さと狡猾さがある。保身と栄達のためとあれば何人でも死刑にする。最近の死刑執行の事実がそれを証明している。その異様な自己保身への執着が、法と正義をねじ曲げるのだ。

「権力はつねに悪を生み、権力のあるところにはつねに腐敗がある」と言った人がいる。その通りだと思う。

歪んだ正義を振りかざして無辜を断罪し、自らを法の守護神と公言してはばからない司法権力者らのどこに正義があり法の精神があるのか。正義などというものは国家権力の中には存在しないのだと思う。

警察にも、検察にも、裁判所にも、そこにはそれなりの機構がある。人の生き死にを見捨てても守らねばならない機構というものがある。そうしなければ崩壊しかねないという危惧があるからだろう。

下級審の判断がまちがっていると判っても、それを積極的に正そうとする裁判官が果たして上級審に何人いるだろうか。

検察と裁判。この一つ穴に棲息する権力者たちは、ひとりの人間の魂の叫びなどには洟もひっかけはしない。挫折を知らず、人の心の弱さがわからない裁判官は、「ウソの自白をするはずがない」

と単純に考え、目の前で必死に訴える被告人よりも、取調官が、「密室」で作った自白調書を安易に信じてしまう。その方が仕事が楽だからだ。

真実は裁判官が明らかにしてくれるなどというのは幻想なんだということを、この一八年間の裁判を通して思い知らされた。

最高裁が棄却し圧殺したのは、「鶴見事件」ではなく、実は司法の正義と独立であり、法曹の良心ではなかったのか。

政治の怠慢と司法の傲慢が、人間と人権を殺し続けている。それがこの国の現実なのだ。

無辜を殺して誰が責任をとるのか。死刑を止めよ！

あとがき

主任弁護人　大河内秀明

これは、往来に面したアパートの一階部分にある不動産業を営む夫婦が、事務所内で、白昼、殺害された事件である。

殺害現場となった事務所内の奥六畳間は、座卓やげた箱、コピー機などが所狭しと置かれていて、空間は狭いにもかかわらず、二人が頭を鉢合わせるようにして仰向けに倒れているが、部屋の中の什器備品は全く乱れておらず、犯人と被害者が争った形跡すらない。ただ、隅にあるポットが少し凹んで倒れているだけである。

二人の大人を、人通りのある場所で、ガラス戸越しに事務所内が見えるところで殺害するのは、単独犯では不可能ではないかと思われる事件である。

共犯事件とみた警察は、事件から約一〇日後、高橋和利さんともう一人の身柄を同時に拘束して、取り調べた。しかし、もう一人にはアリバイがあることが判明したので釈放し、高橋さんだけが取り調べられた。

あくまで共犯事件と睨んだ捜査当局は、高橋さんを追及したが、共犯者と思われる人物は現れず、勾留期限の日に、高橋さんの単独犯行と断定して起訴した。

高橋さんは、取調べの当初は犯行を否認していたが、弁明を聞き入れてもらえず、暴行を受けただけではなく、「奥さんも同じ目にあわせるぞ」と言われて、自白した。自白では、被害者夫婦のうち妻が外出している間に、銀行から金を下ろして事務所に戻ってきた夫が先に殺害されたことになっている。そして、そのあと、外出先から戻ってきた妻が殺害されたことになっている。

裁判の過程において、妻は外出していなかったことが明らかとなり、殺害態様は自白とは異なり、夫婦が事務所内に一緒にいるところを襲われたことが判明し、殺害に使用された凶器も自白とは異なることが明らかとなった。

高橋さんは、この本の中で、自白を強いられた経緯、殺害順序、凶器の種類・数などについて、おかしいと思った気持ちを縷々述べている。高橋さんにしてみれば 自分は殺していないのに、そして自白が出鱈目な内容であることが明らかになったにもかかわらず、それでも犯人であるという結論は変えようとしない裁判所の強権的な扱いに対して、「おかしいのでは」と必死になって訴えている。それが本書である。

高裁は、単独犯による犯行は難しいが、それでも妻が便所に入った隙を衝いて夫を攻撃すれば、「本件犯行が単独犯で遂行不可能であるとまでは認められない」と判示して、高橋さんが犯人であるという結論だけは変わらないとしている。

最高裁は、実質的な審理を全くせずに、下級審の認定をただ無批判的に追認しただけで終わっている。

高橋さんの無実の訴えは、認められなかったが、殺害順序は自白とは違うと認められ、同時殺である点も自白とは違うと認められ、凶器の種類も自白と違うと認められ、さらに自白よりも多い少なくとも三種類の凶器が使用されたと認められるなど、これだけ自白との違いが明らかになっているのに、それでも犯人だと決めつけられている。高橋さんには、これ以上、何を証明し、何を訴えたら、無実であることがわかってもらえるのか、という思いがあり、それがこの本の執筆の動機になったであろうことは想像に難くない。

現在、再審請求をしているが 新証拠がなければ再審の門は開かない。そんな高橋さんの焦りの気持ちが細かく訴えることにつながっていると思われる。

弁護人は、そのような高橋さんとは別の視点から、これからも再審の重い扉が開くよう、訴え続けていきたいと思う（なお、本書の作成過程で弁護人が気付いたことを、「弁護人の視点」と題して後述する）。

この本を世に送るにあたっては、出版社の方はもとより、一〇年以上にわたって支援していただいている支援の会の力が実を結び、出版に漕ぎ着けることができた。改めて感謝したいと思う。

いつの日か、高橋さんを囲み、支援の人たちと共に苦労を語り合い、笑い、共に過ごす日が訪れることを信じている。

弁護人の視点

検察官は、一貫して、高橋和利さんは、銀行から金を下ろして事務所に戻った夫を殺害し、そのあと外出先から戻った妻を殺害したという異時殺を主張していた。

これに対し、弁護人は、殺害現場である六畳間の什器備品が全く乱れていないので、被害者夫婦が一緒にいるところを単独犯が鈍器を振るって殺害する同時殺は考えられず、かつ、妻が外出した形跡がないことから、単独犯であれば、夫が銀行に出掛けている間に妻を殺害して座敷の奥にある便所に隠し、そのあと事務所に戻った夫を殺害した異時殺しか想定できないと主張していた。

しかし、弁護人は、控訴審の最終弁論で、一審以来ずっと主張してきた妻先行殺害説（異時殺）を捨て、被害者夫婦が一緒にいるとき殺害された同時殺しか考えられないという主張に変更した。そして、その上で、単独犯による同時殺は、現場の状況に照らして考えられないと主張した。

控訴審判決も、異時殺は想定し難く、想定し得る殺害態様は同時殺であると認定した。しかし、裁判所は、妻が便所に入った隙を狙って夫を攻撃したとしたら、「本件犯行が単独犯でも遂行不可能であるとまでは認められない」と判示して、高橋さんを犯人であると認定した。

このように、弁護人の主張と裁判所の認定は同時殺という点で一致したので、控訴審判決後、最高裁では、異時殺は全く論点から外れて過去のものとなり、争点は単独犯による同時殺の可否に絞られた。

しかし、高橋さんは、一四年間の審理を通じて、異時殺ではなく同時殺であることが明らかになっているのに、夫が先ではなく妻が先であるという弁護人が従前主張していた異時殺に、依然としてこだわり、この本の初稿でもその点に照準を合わせた記述をしていた。

しかし、控訴審判決は、「妻が便所に入った隙を狙って夫を攻撃したとしたら」、というような特殊な条件を設定して初めて単独犯による同時殺が可能になるといっているのである。これは、高橋さんをあくまで犯人に仕立てるためのこじつけとしか言いようがない苦しい論法である。つまり、控訴審判決は、そういう条件を付けなければ、本件犯行は、「単独犯では遂行可能であるとはいえない」といっているのである。これは、「通常であれば、犯人であると言い切るには、まだ疑問が残る」ということである。しかし、そうであるなら、「疑わしきは被告人の利益に」という刑事裁判の原則に従って、高橋さんを無罪にしなければならなかったはずである（余談であるが、私は子供の頃、ふざけて、『……たら』付けたら、なんでもできらあ」、と、囃子詞のように言って、人をからかったものである。判決の右の言い回しは、まさにこの児戯に等しいもので、そういう言い方をしたら、文字どおり本当に「なんでもできる」ことになり、白を黒と言いくるめるのもいとたやすい、ということになってしまう）。

控訴審判決の論法は、従前の妻先行殺害説（異時殺）を根拠にするよりもはるかに無罪の立証がしやすく（後者の異時殺は、一般論としては、単独犯でも遂行可能であると説明がつけられるので、それだけでは高橋さんの犯人性を完全に否定することは容易ではない）、高橋さんに有利な論拠を提供するものである。功利的に考えれば、従前の主張を捨ててさっさと控訴審判決の論法に鞍替えしてもよさそうに思える。被告人の心理としては当然そのように考えるはずである。

ところが、高橋さんは、そのことに気がつかないのか、あるいは一四年間維持し続けた妻先行殺害説（異時殺）の印象が強すぎるからなのか、頭の切り替えができていないように思える。

このことは、高橋さんの初稿を読んで初めて分かったことであるが、私には、それがとりもなおさず、高橋さんが無意識のうちに自らの非犯人性を問わず語りに自然に吐露したものと受け取れた。なぜなら、もし高橋さんが犯人であるならば、犯人性に関する弁明はすべてが虚構であって、それゆえに常に功利的・作為的に考えて対処しようとするはずであり、したがって、自分に有利な論理の変遷を見落とすなどということはおよそあり得ないことのように思われるからである（現在、再審請求中の身であることを考えると、なおさらその感が強い）。

本書について

この原稿は高橋和利さんが二〇〇九年の「第五回死刑廃止のための大道寺幸子基金死刑囚表現展」に応募し、文芸部門で奨励賞を受賞した「冤罪が作られる構造――『鶴見事件』抹殺された真実」を大幅に改稿したものである。この年、氏は絵画作品部門でも「二〇一〇年カレンダー」を応募し、努力賞を受賞している（本書本扉の虎の絵はその一枚である）。

死刑廃止のための大道寺幸子基金は、多くの死刑囚に接見し、力づけ、生きて償うことを共に模索し、そしてまた死刑囚の母として、日本の死刑制度の実態と死刑囚の処遇について語り続けてきた大道寺幸子さん（二〇〇四年六月死去）の、死刑制度をなくしたい、死刑囚にも人権は保障されねばならないという想いを生かすために、遺された資産を元に創設された。

二〇〇五年から一〇年間、確定死刑囚の再審請求への補助金の授与、死刑囚の表現展の開催と優秀作品の顕彰を行ない、この基金が死刑囚にとって一つの希望でありたいということで基金は活動を続けている。表現展の選考委員は池田浩士、加賀乙彦、川村湊、北川フラム、坂上香、太田昌国の六名である。毎年七月末に締め切り、死刑廃止国際デーの一〇月一〇日前後に行われる死刑廃止国際条約の批准を求めるフォーラム90の集会で、選考結果の発表と絵画作品の展示を行っている。

高橋さんは第一回から絵画部門の応募をしており、第六回の二〇一〇年にもモヤシを描いた作品などに対して努力賞を受賞している（本書カバー裏の作品）。

なお鶴見事件については大河内秀明主任弁護人が『鶴見事件の真相——無実でも死刑、真犯人はどこに』を一九九八年に現代企画室から刊行している。（編集部）

高橋和利（たかはしかずとし）
1934年4月28日生まれ。
1988年6月20日におきた横浜金融業夫婦殺害事件の犯人として逮捕される。一貫して無実を主張
1995年9月7日　横浜地裁（上田誠治裁判長）にて死刑判決
1998年4月　「死刑」から高橋和利さんを取り戻す会会報創刊
1998年6月　大河内秀明著『鶴見事件の真相——無実でも死刑、真犯人はどこに』現代企画室から刊行。6月20日　事件から10年「死刑」から高橋和利さんを取り戻そう6.20集会開催
2002年10月30日　東京高裁（中西武夫裁判長）控訴棄却
2006年3月28日　最高裁（堀籠幸男裁判長）上告棄却、死刑確定へ
2008年6月7日　無実を叫び続けて20年！「鶴見事件。再審を求める集い」「獄中で描いた絵画・展示会」戸塚地区センターにて開催
現在東京拘置所在監。再審請求中

「死刑」から高橋和利さんを取り戻す会連絡先　横浜市中区山下町1番地
シルクセンター325 A　横浜シルク法律事務所気付
郵便振替口座 00120-7-22436

「鶴見事件」抹殺された真実
私は冤罪で死刑判決を受けた

2011年5月20日　第1刷発行
著　者　高　橋　和　利
発行人　深　田　　卓
装幀者　藤　原　邦　久
発　行　㈱インパクト出版会
〒113-0033　東京都文京区本郷2-5-11　服部ビル2F
Tel 03-3818-7576　Fax 03-3818-8676
E-mail ： impact@jca.apc.org
http:www.jca.apc.org/~impact/
郵便振替　00110-9-83148

印刷・製本　シナノパブリッシングプレス

冤罪をつくる検察、それを支える裁判所

そして冤罪はなくならない

里見繁 著　四六判並製 304 頁　２０００円＋税
2010 年 12 月発行　ISBN978-4-7554-0211-1

テレビ記者の見た９件の冤罪事件。茨城・布川事件　足利事件と飯塚事件　京浜急行・痴漢冤罪事件　静岡・袴田事件　滋賀・日野町事件　福井・女子中学生殺人事件　浜松幼児せっかん死事件　大阪高槻市・選挙違反事件

免田栄 獄中ノート

私の見送った死刑囚たち

免田栄 著　四六判並製 243 頁　１９００円＋税
2004 年 8 月発行　ISBN978-4-7554-0143-5

獄中 34 年 6 ヶ月、無実の死刑囚・免田栄は処刑台に引かれていく 100 人近い死刑囚たちを見送った。冤罪を訴えた人も少なくなかったという。雪冤に向けてつづったノートを引きながら、死刑の実態、そして日本の司法制度を鋭く告発する自伝。

死刑・いのち絶たれる刑に抗して

日方ヒロコ 著　A5 判並製 400 頁　２５００円＋税
2010 年 12 月発行　ISBN978-4-7554-0212-8

木村修治死刑囚の母と養子縁組をすることで修治さんの姉となり、世間の矢面にたち精神的に追いつめられながら迫り来る死刑執行と対峙する。死刑執行前後の家族が直面させられた現実が、そして教誨師に聞いた死刑執行の現実があますことなく描かれる。

インパクト出版会